酷啦！！我有一雙鋼鐵腳

【暢銷增訂版】

拼豆女孩（小N）
莊雅菁
著

《酷啦！我有一雙鋼鐵腳》出版之後……

▶ 2015年6月，書出版了。這些全是粉絲第一時間預購的書，簽完名後我再一一寄出。那陣子，我簽書簽到手軟，心裡卻超級開心！

▼ 2015 年 7 月，我分別於臺北與臺中的誠品書店，舉辦新書分享會。感謝每一位到場的人，讓我的信心再提升！

◀ 出書之後，我有更多的機會露臉、激勵大家。除了透過演講的分享，也感謝各大媒體的訪問與報導。這是《今周刊》雜誌的報導，我超喜歡這張照片的！

◀ 2016 年 1 月，我的書得獎了！我用與眾不同的生命體驗寫成的這本書，被臺北市立圖書館評選為優良讀物喔！

▼ 除了平面媒體，還上電視節目、廣播等，講我的故事。我好像一個當紅藝人，一天趕好多攤。大家有發現這都是同一天嗎？這天，我找回久違的眉毛了！

寶島聯播網《寶島全世界》

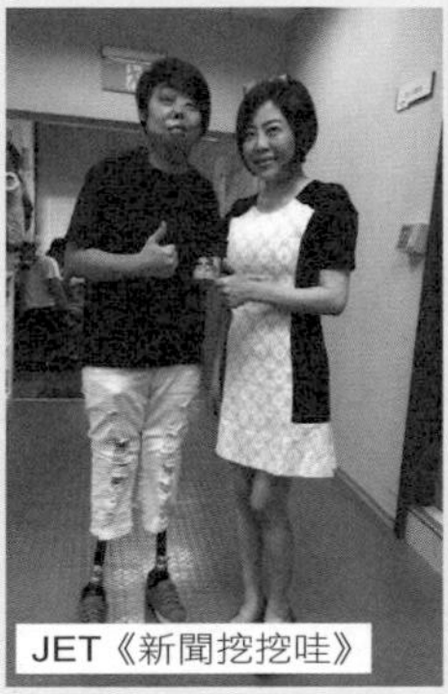
JET《新聞挖挖哇》

臺灣綜藝臺《健康讀書會》

◀▼ 2015 年 9 月，我去爬雪山。這的確是超級艱難的挑戰，我甚至差點半路投降，還好整個團隊灌輸我無限能量。四天三夜下來，不只腳不是我的了，連全身上下的骨頭都快散啦！

◀ 2016 年 4 月，我穿戴上臺灣第一雙「飛毛腿義肢」，這可是義肢公司老闆特定向國外訂作的呢！這些日子我正加緊適應，準備挑戰跑馬拉松，還請大家拭目以待。

車禍前——曾經活在幸福裡的小女孩

◀ 小時候的雅菁，生活在家人的溫暖懷抱裡。左圖是和爸爸的合照，右圖是和哥哥的合照。

所以，她很幸福，也很愛笑。

▶ 可愛機靈的雅菁，最得阿嬤的疼愛。阿嬤就像是帶著她長大的第二個媽媽。

◀ 等了 5 年，渴望母愛的雅菁終於能搬去和媽媽住了。有陣子，母女倆常像這樣，一起出去玩。

車禍後——慢慢進步的傷後人生

▼ 帶著頸圈的自己，像處於滂沱大雨中的小狗，很冷很慘卻沒能力撐傘。一路上，媽媽永遠在身旁，幫她撐傘，鼓勵她站起來。

◀ 為了照顧自己、照顧罹癌的媽媽，雅菁不再是那個等待呵護的小狗。那時還沒裝義肢的她，跪著進廚房，煮飯給媽媽吃。

▼ 媽媽抗癌的痛苦，雅菁無法分擔，她用最直接的方法——把頭髮剃光，陪著因化療而掉髮的媽媽，一起當光頭！（這是頭髮剛長出來，頂著小平頭的雅菁，與強忍化療不適，陪著雅菁去擺攤的媽媽）

◀ 兩場病痛為雅菁帶來意外收穫：真正明白「愛」的力量無形卻強大。她到財團法人犯罪被害人保護協會演講時，第一次在眾人面前擁抱媽媽。

走出去——分享自己難得的生命體驗

車禍後，雅菁走向陽光
內每步都不容易。她沒想
過，自己的生命故事，能
成為報導，用來激勵他人。

八年級，勇敢闖
第5版

殘缺中有盼望
莊雅菁隻手拼豆人生

作，她用僅存的右手製作出一個個可愛的拼豆飾品，與母親一起擺攤販售，或透過網路來行銷自己的作品。從上網找資料、找拼豆材料，到完成飾品，都由她一手包辦。無論是大大小小的手機吊飾、鑰匙圈、杯墊等，都難不倒她。莊雅菁說，「在禱告中，上帝總是給我許多創意和靈感，讓我能做出許多各式各樣的拼豆飾品。」

「許多人看到我都說，我以後只能去賣玉蘭花，或是躺在地上當乞丐。」莊雅菁說，認識神之後，她知道她的人生是有盼望的，現在的她，除了拼豆創作、擺攤和拼豆教學之外，也會被邀請到學校去做……

莊雅菁隻手拼豆。（何敏芬／攝影）

走過低潮　活出勇敢見證

因著自己的車禍和媽媽得癌症，讓莊雅菁的生命成長許多。現在的她和媽媽靠著上帝的恩典，帶領他們走出死蔭的幽谷，揮創出人生另一片彩色天空。

今年即將滿20歲的莊雅菁說，對於未來還有許多未完成的夢想，希望自己以後能用這雙特別的腳，走遍全世界為主作見證。……

▲ 信仰，支持著雅菁母女
好好活下去。洪真哲牧師
夫婦 (左一左二) 正是一路
帶著他們，認識上帝的人。
也是雅菁一裝上義肢，就
約她去爬山的人。

▼ 接受殘缺的雅菁不再躲在家裡。異樣眼光和指指點點仍舊存在，
但她不再把這些視為嘲笑，而覺得這是出於她的「與眾不同」。

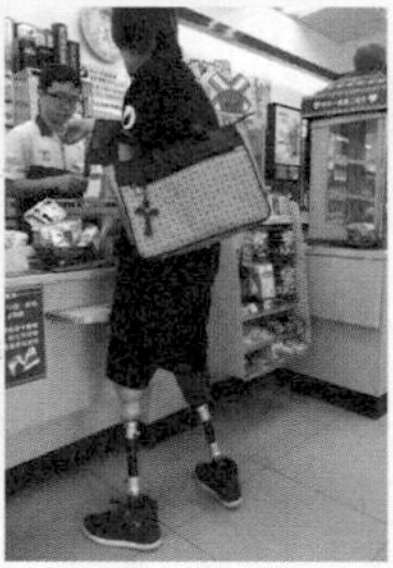

2013 年開始，雅菁透過 100 場以上的演講，分享自己不一樣的生命體驗。已經有超過好幾萬人，聽過她的生命故事了！

工作——獨臂女孩的拼豆事業

▲「我只有一隻手，但是我能工作。而且我做出來的東西，不會輸人家。」雅菁對於自己的作品，充滿自信。

▲ 雅菁想要的是「欣賞」，並非「同情」。她耐心回覆留言、親自包裝、寄送包裹。

▲ 第一次擺攤的時候，雅菁連頭都不敢抬起來。現在，她不但把頭抬地高高的，還會跟大家介紹，因為她的商品是最讚的。

▲「我們的價值是上帝賜予的，不怕別人異樣的眼光，微笑創造自我價值，心美人就美。」雅菁（圖左）和媽媽（圖右）的「自拼像」，都很美。

酷啦！
我有一雙鋼鐵腳

目錄 Contents

Part 1

轟轟烈烈，才不枉青春?!

為了逃離孤單，放學後我會和一群朋友聚在網咖，甚至徹夜不歸。老師指責我、媽媽不懂我、學校像監獄，我的世界只剩朋友挺我，我們抽菸、喝酒、吃檳榔、飆車，我以為這樣轟轟烈烈才算活過。

Part 2

被火紋身的女孩

微不足道的機車打滑引起火燒車，燒出了無限的懊悔與傷痛，失去雙腳、左手和面目全非的事實，才讓我驚覺「代誌大條了」！我毫不感謝奇蹟讓我活了下來，因為，這樣的我該怎麼活下去啊？

Part 3

在醫院苦中作樂的 167 天 (5M14D)

清醒後，真正的痛苦才算降臨。嚴重灼傷的我，暫時還回不了家。畢竟，只要傷口稍有感染，就可能危害到我得來不易的生存奇蹟，我得繼續住在加護病房，接受專業照護。出院對我來說，很遙遠。

Part 4

烈焰後，看見滿滿的愛

家人們在病榻前的照顧與陪伴，為我的周圍注入滿滿的溫暖與愛。爸爸的眼淚、媽媽的奔波、哥哥的承諾，瓦解擋在我們中央的牆，從小最疼我的阿嬤，依然愛我，每天舟車勞頓，就是為了要見我一面。

Part 5
死去活來的漫漫復健路

傷口新生的疤痕缺乏韌性，復健時的伸展拉扯，像極了執行酷刑，生不如死的過程，真的好想放棄。但若舉白旗，錯過黃金關鍵期，我也許真的得像烤熟、彎著身體的「蝦子」，拱著背過一輩子了。

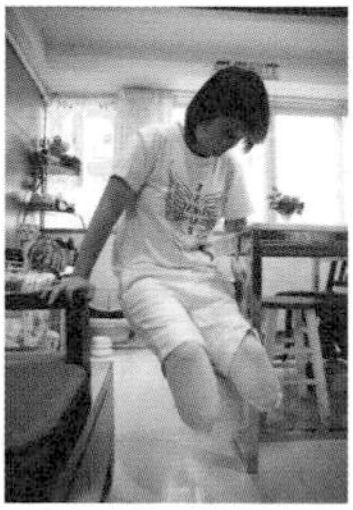

Part 6
陽光之家，曾是我療傷止痛的家

透過陽光基金會的安排，我住進新店的「陽光之家」，而媽媽為了照顧我，也跟著住進來。第一次推開陽光之家的門，我心裡想的是：到底為什麼，我必須跟這些恐怖的人住在一起啊？

Part 7

在關懷與鼓勵中打開心房

人在焦慮不安時，常把事情做負面解讀。我們母女拒關懷於千里之外，變得孤僻，變得封閉，連親戚也不接觸。直到二人世界爆發危機，向外求援，才發現，愛一直都在。唯有打開心房，一切才會慢慢好轉。

Part 8

靠拼豆拼出成就的獨臂女孩

天生不服輸的個性使然，我急著想找到「我不是乞丐命」的證據。我絞盡腦汁——一隻手的我，可以做什麼。「拼豆」點燃我的鬥志，讓我不與殘缺外表妥協，並持續地「拚鬥」，拚（拼）出彩色的未來。

Part 9
換三肢殘缺的我來照顧罹癌的媽媽

當我的脫軌人生看似重返正軌之際，竟又來個措手不及的大考驗，媽媽被確診為癌症末期，生命剩2年。我差點被打敗，還好沒有。我把握這個帶來改變的機會，不但自己照顧自己，還能照顧媽媽。

Part 10
我有腳了，而且是一雙很酷的腳！

用義肢站起來那瞬間，痛痛的、麻麻的，但傳到心裡的全是感動，鋼鐵腳讓我長高30公分，視野變了，心情也變了。我像重生一般。終於，盼到這雙腳。我要用自己的力量，走出屬於我的康莊大道。

Part 11

接受不完美，突破生命中的限制

我期待手術能讓我變正常，然而，這張破碎的臉註定陪我一輩子。我陷入憂鬱，也靜心禱告。我發現這個消息，並不是教我舉白旗，而是要告訴我得愈挫愈勇。後面有更多的挑戰，等著我一一闖關。

Part 12

翻轉的人生，美好的見證！

我勇敢面對那個逃避已久的傷口，原諒，將能有效防止二度傷害。我不再埋怨，把苦難視為前進動力，視為翻轉我人生的奇妙力量。成長，並非在一朝一夕就能看見，但我知道，我的未來不再是夢。

推薦序1

蛻變過程，需要勇氣；蛻變之後，值得尊敬！

張承中／律師、陽光社會福利基金會董事

Selina曾經很慘，但雅菁更慘；Selina傷後努力活出自己，但雅菁用「拚鬥」精神，把自己活得更精彩。

雅菁的故事，我讀得熱淚盈眶。讀著雅菁自述她如何逃避，卻撐過了害怕的換藥；讀著她從沒有勇氣面對人群，變成可以上臺演講，還不必看稿。讀著這些似曾看見的苦難與磨練，心裡讚嘆著：雅菁是吃了多少苦，才辦到的呢。

我或許能稍微揣摩雅菁媽媽的痛，不過，我永遠無法體會雅菁所受的罪。肉體的折磨已經太恐怖，接受缺陷的自己及面對異樣眼光的心理考驗，更難撐過去。走過這些黑暗，才能面向陽光，可是這要歷時好久好久，是以「年」為單位的。我們可能都沒有像雅菁這般，如此強悍的生命力——**雅菁比我們強太多了！**

我相信，現在的雅菁，已經充滿自信面對任何人，只是，不知道大家能不能用健康的心態來面對她呢？

絕大部分的燒燙傷者，並非出於自願受傷，絕大部分的燒燙傷者，也沒有犯錯。他們只能接受命運的無情安排，只能接受身心折磨與外形改變，然後咬緊牙根，往前衝。

燒傷者是小眾，本來受到的關注就不多，而 Selina 因為是公眾人物，曾經吸引較多的眼球。當時，希望藉由 Selina 的故事，讓社會更了解更關心這群小眾，我寫過一本書。但內容上只詳細描述燒燙傷者，於住院時期身心所受到的酷刑，並無記錄後續復健的漫漫長路上，還會面臨到的打擊與挑戰。現在，雅菁的故事正好補上了這個缺口。期待各界能看見，燒傷者再站起來的勇氣與毅力，及為了再回到社會的努力與付出。這些勇者，值得任何人的尊敬。

我要謝謝雅菁，辛苦了。**她用血淚交織的故事激勵了我們、溫暖了我們。一個被火紋身的小屁孩，都能面對變形的自己，再蛻變成拼豆大師，及鼓舞人心的演講者。**各位朋友，您人生的路上，還有什麼痛苦與挫折是不能克服的呢？

推薦序②

用勇氣詮釋的「變形人生」

舒靜嫻／陽光社會福利基金會執行長

生命，是一連串學習與成長的歷程，多數人隨著歲月流轉，按部就班走過每一個人生階段。然而，不少人也因不期而遇的天崩地裂，使憧憬中的「未來」被擠壓變形。**「變形的人生」該如何詮釋下去呢。**

那年，陽光社工因著定期院訪、關懷傷友，而認識雅菁，也展開多年的陪伴、鼓勵、支持。正值荳蔻年華的少女，人生本該懵懂單純、光明燦爛，卻不幸遭逢意外事故而傷痕累累，使人無比心疼。

燒傷的身心煎熬，真不是一般人能承受的。多數傷友都曾痛苦吶喊，「為什麼是我」。甚而憤怒埋怨，「為什麼要救我」。當下，多半沒有人可以回答，因為答案寫在無法預見的未來。這個過程，猶如一場智慧問答賽，需團隊夥伴（當事人、家人及社會等支持）一同找出答案，而主答者，當然非當事人莫屬。

承受巨創的雅菁，在媽媽的陪伴下，踏上煎熬的重建路。用一個不同以往的身體和面容，重新學習站、學習走，學習照顧自我、走向人群；學習體悟人生，也學習用全新的眼光看世界。她不斷的突破限制，因為不服輸，要證明自己的價值，即使身心的巨大痛苦與掙扎，仍「選擇」正面以對。**她非常努力、認真，並立定目標**（拼豆製作、教學及演講激勵更多人）**，積極地自我預備。**

經歷這場人生苦難，雅菁尚且惜福感恩，還對苦難源頭，給予原諒。原諒，就是放手。一如不可復得的外貌和健全的肢體，她智慧地選擇放手。放手，好讓自己勇往直前。**敬佩這樣的一個女孩，即使在最幽暗的深谷裡，也努力尋找遠方隱約微小的光，奮力迎上前去。**這些年來，雅菁的努力和成績，正重新詮釋自己因重創而變形的人生。雖然，生活中的艱難並未遠離，她還是想讓自己變成一道光，溫暖每一位正處於寒冬中的朋友。

最後，還得向故事中的另一位女主角──雅菁媽媽致敬。照護者的艱辛，外人難以想像。尤其身為母親，更要秉持無比的勇氣和毅力，才能整理好幾乎心碎的自己，一路伴隨孩子克服萬難，協助她走進人群、建立信心、重建人生。讓我們為這兩位生命的勇士獻上祝福，期待更多還在幽谷中掙扎受苦的人們，能從這個故事中得到啟發和力量。

推薦序4

揀選的美麗

俞繼光／嘉義縣基督教協同中學校長

「協同」是秉持愛與真理創立的學校。為效仿耶穌愛人捨己精神，每年復活節都會舉辦一系列「生命體驗」活動。透過演講者或影片，帶領協同孩子走訪世界的破碎角落，培養心懷大愛做小事的能力。

雅菁就是在二〇一三年復活節週中，給予協同孩子最美的學習功課。那一年，雅菁的「拼豆」在全校師生間引起極大回響。我們看到雅菁用僅剩的一隻手，靈活地改製她的拼豆作品，這一幕，深深烙印在師生的腦海中，是拚鬥（拼豆）人生最真的榜樣。難能可貴的是，以獨臂拼豆的技藝，撐起家中經濟的雅菁，在回應愛的行動中亦不落人後，實踐默默奉獻的慷慨，願上帝親自紀念。

幾個月後，雅菁在學校例行的心靈晨會中，分享她的生命故事。這小女孩開口說的第一段話，便讓我佩服不已。她說：「你們要聽老師及爸媽的話。當時年紀小的我，就是太不聽話，才會變成這樣——截去三肢、面目全非……。」

需要多大勇氣，才能在眾人面前坦承錯誤。需要多深體悟，才願意在愛中赤裸自己，建造他人。從雅菁分享中，我看到上帝愛的大能。甚願所有讀者，都能透過雅菁的故事，而擁有這份堅毅而真誠的內在特質。

雅菁每次上臺，便是鼓舞人心的一場戲。

「什麼是成功？不論你的答案是什麼，絕不會有缺手斷腳、滿身傷疤，像站在臺上的我這樣的成功模範。但我卻要告訴你們，如果用世界多數人的價值觀來看待自己，今天的我，就不可能有分享的勇氣，遑論站上這講臺了。但我卻要告訴你們，我是成功的，因為我認真地過每一天……。」翌年的心靈晨會，再次被震懾的我，看到的是雅菁不斷銳變的痕跡，及生命影響生命的美麗！

雅菁沒了雙腳，但上帝牽引她的鐵鞋，踏破重重難關，揀選她成為眾人的祝福。如《聖經》所言，「就是在患難中，也是歡歡喜喜的。因為知道患難生忍耐，忍耐生老練，老練生盼望」。縱然在閃爍淚眼中，也能看見美麗的彩虹，充滿豐盛的盼望與應許。**雅菁浴火重生的美，對每個認識她的人來說，都是極寶貴的禮物。**願上帝賜福，讓雅菁的人生境界更寬廣，並用她不凡的雲彩見證，祝福這本書的讀者生命得激勵、心靈得安慰。

推薦序5

突破重圍的拚鬥人生

洪真哲／臺中靈糧堂主任牧師

認識雅菁已經是六、七年前的事了。雅菁讀國中時，與朋友共乘機車，卻不幸發生車禍意外，導致火燒車，強烈撞擊使雅菁昏迷，就這樣被惡火燃燒，再度清醒已是幾個月後。雙腿和左手都因保全生命而截肢的她，在人生的困難和絕境中，她的單親媽媽珮馨，找到教會，期待如此的人生還能有一些盼望和轉機。

果如《聖經》所言，耶穌基督來這世界，是為了尋找和拯救失喪的人（路加福音19：10）。雅菁母女在走投無路、求助無門之際，耶穌基督的救恩和喜樂，滿滿地臨到她們。不但乾渴的心得到滋潤，迷失痛苦的心也得到拯救。珮馨與雅菁先後受洗，歸入耶穌基督名下，成為上帝的女兒，得著屬天與永恆的喜樂和滿足。

信耶穌後的雅菁，不但心靈上的創傷被醫治了，她純真、幽默的本性與特質，也慢慢被恢復被開啟，並更加豐富。雅菁20歲生日時，我與教友們為她慶生，雅菁封閉多年的淚腺，因上帝而得到釋放。她流著眼淚，告訴我們：「我已經很久很久沒有因感動而哭泣了（過去流淚，多是來自身體的傷與痛）」。

當雅菁超出醫生診斷進度，提前穿戴義肢，在教會裡開心並得意地走來走去時，臉上是滿滿甜蜜滿足的笑容。看在眼裡的我們，臉上則是掛著一行行感恩的熱淚，我們同心為她高興。我們不但可以與她共哀傷，我們也可以與她同歡樂。

雅菁穿戴義肢、忍耐疼痛地練習走路，也以細膩精緻的拼豆技藝，賺取她的生活所需，甚至，突發起想的，想成為（臺灣）第一位用一隻手演奏吉他的樂手。她的生命體驗，開始被看見，不但報章媒體關注報導，還受邀至各處，去學校、教會、企業單位、公益機構等，分享她積極的人生鬥志，和耶穌基督所賞賜給她的信心與盼望。

雅菁很不簡單，光從她歷經二十次以上的大手術，在補皮、重建、美容過程中，就能看見無限的勇敢。倚靠著上帝和她堅強無比的毅力，她將繼續向著上帝為她安排的美好未來，喜樂前進。

深信真人、真事、真情的敘述，必能帶給每一位讀者生命與生活的動力，在面對不可知及無法掌控的未來，不再驚慌失措，而能從雅菁活生生的見證和榜樣，勇敢學習，並建立盼望和信心。但願使人有盼望的神，因信，將諸般的喜樂、平安充滿你們的心（羅馬書15：13）。

自序

有苦味的人生（人參），才是好的人生（人參）

國中的我，迷失在叛逆的世界，走偏了自己的方向。每天玩樂，每天瘋狂，總覺得自己的人生，就要自己做主，喜歡做什麼就做什麼，管不了對或錯，不在乎應該不應該。所有勸啊罵啊提醒啊，要不成了耳邊風，要不成了助燃劑（你們愈說，我愈要做）。**我一度認為，轟轟烈烈的人生，才是有意義的人生。**

二〇〇七年7月的意外，改變了我的外貌，我的生活，我的想法……，甚至，我的未來。有人看了躺在醫院的我，說我自己讓正在起飛的國中生涯、充滿希望的未來人生被敲碎，還說我「以後只能當乞丐」。我很清楚，我一點都不想當乞丐，但截去雙腳與左手，全身上下滿是傷口，失去正常面貌，讓我無力反駁。**我差點相信，我就是乞丐命**。

接觸「拼豆」後，我開始得到媽媽、親友以外（也就是陌生人）的肯定和鼓勵，這讓我改變想法，建立自信。加上演講、報導、訪問的邀約，我才知道，我的生命也能成為別人的祝福。我活下來不是一個偶然，而是命定的揀選。轉念，讓一度想放棄生命的我，再次抓住活著的機會，我學會知足、珍惜，不再埋怨失去的。**我用加倍的力氣，成為「有用的人」，用加倍的自信，肯定自己，愛自己。**

我從來沒想過會出書，更沒想到這樣的我，也能活出屬於自己的舞臺（本來還以為，我的舞臺也被火給燒光了）。一個看似失去一切，失去世界的人生，因為愛的包圍，燃燒我一度熄滅的希望。

感謝上帝，賜給我盼望、勇氣、堅強的心，圓了我當老闆的夢想。感謝媽媽一路付出的淚水和精神，還有包容的陪伴。感謝教會教友，為我們的病痛苦難扶持（禱告）。感謝陽光基金會，不管是復健或任何資訊，都在第一時間為著傷友著想。感謝楊靜嫻老師疼愛我欣賞我肯定我，還把我的故事推薦給出版社，讓我有出書機會。感謝正全義肢公司，讓我重新站起來。感謝住院期間的主治醫生周爾康，及這些年為我開刀的楊瑞永醫師，他們對病人的關心與奉獻，重建我的外在和心靈。感謝走到現在，支持我挺我的每個人，因為你們讓我勇敢加分。

就像一個作品，當零件螺絲備齊，內在外在兼具，還得仰賴專業設計和組裝人員，一項都不能失去的，才能呈現出讓人讚嘆的傑作。正如我的生命一樣，少了任何一份愛的鼓勵，我將無法如此精采。

人生當中，有太多的困境和不願意，但這些都是該學習的功課，不管得時或不得時，活著就是機會。還記得，我在無意間吃到人參，才曉得真正好的人參這麼苦啊。這不就跟「人生」一樣嗎，充斥苦味的人生，也許更耐人尋味吧。

我曾經覺得活下來的我，是全世界最可悲的笑話，也認為自己肯定活不下去（尤其當外界的聲音，也這樣告訴你時）。還好，還有另一種聲音教我堅持，教我勇敢。我不與殘缺妥協，不輕易說放棄，**我用一百倍一千倍一萬倍地努力，讓自己從最糟糕的變成最好的**。這個過程絕對比任何一切都來的寶貴和真實，先不論最後的結果如何，成功也好，失敗也罷，我確實從中學到不少，我確實有收穫，我確實是贏家。

我逐漸能體會生命的真正意義了。不在吃喝玩樂，不在轟轟烈烈，而在存活的價值，這價值每個人都有，而且並不在他人眼裡嘴裡心裡，應該由自己去定義去創造。**如果你正迷失在你的世界裡，歡迎來看看我的故事，也讓我看看你。**

前言

夢境裡的幸福城堡

「我想要的『幸福』是什麼？」一定有不少人問過自己這個問題吧。只是不是每個人都找得到答案。就算找到答案，也肯定都是不一樣的答案。

我曾經覺得幸福與不幸福，就在一線之間，因為一覺醒來，我的幸福就瓦解了。如果真是因為貪睡惹的禍，那我寧可沒有睡著。

過去的幸福家庭，在我腦海裡，既短暫又模糊。畢竟，那還是個懵懂、什麼都不太清楚的年紀。不過，就像一場夢，總會在清醒後留下片段記憶。多虧這些記憶，我才能拼湊出那段幸福生活。

小時候，或說精準點——是「很小」的時候，我是幸福的。

那是爸爸、媽媽、哥哥、阿嬤和我，還聚在一起的日子。我們去公園玩、去大賣場逛，不然就在家簡單吃飯、看電視、聊天。總之，只要在一起，身邊就充滿笑聲，充滿家的感覺，充滿幸福的味道。

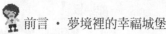

像這樣如童話故事般的記憶並不多。書中的「幸福快樂」的結局，對我來說，只是奢侈的願望，我的故事並不是如此。

因為家中經營的生意，賺的錢始終不如預期，媽媽選擇外出工作。媽媽的工作很忙很忙（兼了好幾個工作），待在家裡的時間變少，自然無法像小時候，天天陪著我。某一天，我盼啊盼，總算盼到媽媽休假。我多想跟媽媽擁抱、說話，我還要告訴她：「我很想她。」

只是，我根本沒有機會和媽媽說到話，阿嬤便把我拉進房間裡。

隔著房間門，我聽到爸爸和媽媽愈吵愈大聲、愈吵愈激烈，我很難過，很緊張，也很害怕。我躲在門後頻頻發抖，直到聽見拉行李箱的聲音，接著，大門被打開了。在那個不是很懂事的年紀，我竟能隱約感覺：大事要發生了。

我從房間衝出來，看見媽媽正往門外去。也許是母女連心，我警覺媽媽這一去，絕對不是一個月兩個月而已。我哭著追上去，拚命拉著媽媽，拜託她「不要走」。因為，我需要她，我不能沒有她。

阿嬤拉住企圖跟著媽媽往外頭去的我，要我別說了。最後，媽媽離開，留下泣不成聲，滿臉淚痕的我。

不久之後，爸爸和媽媽正式離婚。那時，我讀小學一年級，雖然不太清楚「離婚」是什麼，但也大概猜到。我猜，就是媽媽從「很久才回家一次」，變成「再也不回家」了。

很長一段時間，我天天都哭著找媽媽。放學回家，我希望媽媽在家等著我，幫我開門、提書包，為我準備小點心。只是這些想法都太天真，我被逼得提早跳脫童話故事的完美發展，開始體驗鄉土劇的現實與殘忍。最終，只能看著照片，假裝媽媽陪在身旁，邊哭邊睡。

我想要和以前一樣，有媽媽陪著我，進入夢鄉。但是，陪我的只剩照片與眼淚。

被迫和媽媽分開的我，多希望一覺醒來，就回到從前她睡在我身旁的日子。只是盼來的是一次又一次的失望。原本甜蜜的家不再完整，媽媽的身影不再出現。爸爸開始忙碌的工作，幾乎都待在臺北。阿嬤擔起照顧我和哥哥的責任。

我算是阿嬤一手帶大，她對我的呵護與關懷，建立起我們之間深厚的情感。此外，阿嬤對孫子孫女輩一向很慷慨很大方，只要是給我們吃的用的，一定都是買最好的。例如，水果一定買最高級的。

我練習不再哭著找媽媽，因為，我怕阿嬤難過。然而，對媽媽的想念，並未隨時間淡掉，反而愈加深刻。媽媽留給我一條蕾絲布，當我想她時，我會一邊摸著蕾絲布的邊緣，一邊趴在她睡過的床，聞她的味道，假裝她就在我身旁。

升上六年級時，我向爸爸提出「搬去和媽媽住」的要求。在這之前，我提過好幾次，總是被「駁回」。這次，爸爸終於答應了。我就像闖關成功，開心的不得了。我終於要回到媽媽身邊了。

接下來的一段時間，早上起床媽媽在身旁、放學回家媽媽在等我。我們一起享用的晚餐，在我心中每一頓都像山珍海味。我們也一起看電視、聊天、逛街、散步。這些在大部分人眼裡，看來再平凡不過的日子，編織了我的快樂時光。

沒想到，這樣快樂的日子只維持了一年。我又從夢境中驚醒。

國一時，媽媽開始上夜班，回家時間愈來愈晚。我們母女角色就此轉換，從媽媽等我下課，變成我等媽媽下班，甚至，等不到媽媽。我開始會在早上出門上課前，遇見剛下班，正要踏進家門的她。

我們的作息時間完全錯開，我幾乎沒機會和媽媽說到話。我們的交集，只剩下「百元鈔票」，就是媽媽給的零用錢。我捨不得她上夜班，覺得賺錢辛苦，有時一百塊一用就是好幾天。也就是說，要好幾天我才能和媽媽說上一句話。

不過，媽媽花錢花在我身上時，從來不會捨不得。為了讓我的課業跟得上，她會願意讓我補習、幫我請家教。偶爾，媽媽休假，就帶我去百貨公司，我要什麼，她都會買。但是，那都不是我真正要的，花錢買東西，像是要我的命一樣，我知道這些付出去的錢，都是媽媽熬夜、喝酒，用身體的健康換來的。

媽媽二度在我的生命中缺席，我又睡不著了。媽媽不在的夜晚，我就是一個人，我莫名害怕黑夜來臨，更擔心媽媽的安全，只好把家裡所有的燈打開，企圖讓刺眼的光線，緩和無限襲來的恐懼……。

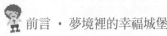

為了獲得媽媽的愛，我極力爭取搬來和她住。
可是，當媽媽愈來愈晚回家，
我漸漸地再次失去我所渴望的幸福……

Part 1

轟轟烈烈，才不枉青春?!

為了逃離孤單，
放學後我會和一群朋友聚在網咖，甚至徹夜不歸。
老師指責我、媽媽不懂我、學校像監獄，
我的世界只剩朋友挺我，
我們抽菸、喝酒、吃檳榔、飆車，
我以為這樣轟轟烈烈才算活過。

早就習慣沒有家人的陪伴

在家裡，不會有人叫我起床、為我準備早餐，凡事都得自立自強。自己設定鬧鐘、自己整理書包、自己看電視、自己寫作業……，甚至，自己簽聯絡簿。到了吃飯時間，就自己去買，自己吃。

在學校，舉凡懇親會、運動會、園遊會等親子活動，我也很少有機會送出手上的邀請卡，我根本不知道有哪個「家人」願意參加。

沒能得到媽媽的關愛和陪伴，我開始向外尋找，滿足我心靈空虛的地方。也許是天生活潑的個性，也許是因為害怕孤單，我喜歡與人相處的感覺。我習慣到相同的店家消費，消費久了，自然就混熟了。

記得小學時，我總是固定吃同一家店的早餐，愈吃愈熟，後來跟老闆太熟了，熟到不用多說什麼，就自動在店裡幫起忙來，像是送送餐、擦擦桌子、收拾碗筷，做的理所當然。我還因為常去同一家麵店光顧，當起小童工（有領微薄的零用錢喔）。我學著在後場下廚煮麵，成為老闆的小幫手。對我來說，賺不賺得到錢是其次，能有這樣的機會幫忙做事又得到肯定，讓我很快樂，也很有成就感。

以前，我覺得自己「吃飽撐著」，想藉此消耗時間罷了。後來才體會到，我是在向外尋找「家人」的感覺。當老闆需要我而呼喚我、當我表現得很好時被讚賞、當熟客親切地問候我、當和大家一起收拾打烊等時刻，似乎能讓我感受到如家人般的溫暖與關懷。

曾經，我也很喜歡上學

就讀大雅國小時，一、二年級的老師對我非常好，也許知道我是單親家庭的小孩，常邀我和她一起午餐。五年級時的老師，看我常吃同學的早餐（那時，我都把買早餐的錢存下來，打算捐出去），還主動幫我準備早餐。有時上課鐘響了我還沒吃完，她會要我慢慢吃，不要著急。

直到現在，想起這兩位老師「愛的教育」，我心裡都還暖暖的。**因為她們，讓我到學校，反而更像是回到了「家」。**

反倒是三、四年級的級任老師，在我的印象裡，是位常體罰學生的老師，我常被打到全身瘀青。我不喜歡這位老師，也開始討厭上學。印象中，那時學校有規定要背唐詩三百首，我背不熟，不但不能吃中飯，得在午餐午休時間罰跪，放學後還要留到5點多。另外，當老師直接幫我申請免費游泳課，我不配合參加，結果就是被打巴掌。

有一次，又因為被罰跪而沒吃午餐，回家之後，我就隨口跟阿嬤說到這件事。阿嬤疼我疼到不行，第一個反應就是跟爸爸說，爸爸的反應更大了。隔天，爸爸直接跑到學校找校長討公道，級任老師自然被請去訓導處「解釋」。等老師回到班上，惡狠狠地瞪了我一眼，還問我「是不是很愛打小報告啊」。此後，我更害怕了（怕被打得更慘）。

我不怪阿嬤，也不怪爸爸，我知道他們會這樣做都是擔心我、在意我。只是，被老師這麼一警告，我的心裡除了恐懼，還是恐懼。我不敢再把學校發生的事據實以告，只能放在心裡，獨自承擔。所以，為了可以不去學校，我只好裝病，或躲進衣櫥裡。

被打、被罰、爬牆翹課，變得稀鬆平常

上了國中後，像我這樣不愛念書、功課不好的學生，被老師處罰更成為家常便飯的事了。遇到考試時，考卷發下來就是猜，猜完就是睡，等到要發考卷的日子，皮就要繃緊了。

我想老師們的壓力肯定都很大吧，幾乎每科的老師都會打人。他們通常會用椅子上拆下來的木板，打屁股，打手心，很多人總是痛地唉唉叫，眼淚止都止不住。而我通常忍住不哭。

也許是天生自尊心強，也許是不願意低頭的個性，我連眼淚都沒掉過。老師愈打罵，我愈「堅強」。當然，也愈叛逆。

記得有一次，我因為跑到別的年級去找朋友，而被班導處罰，愈想愈鬱卒，乾脆夥同班上好友密謀翹課。那時候，我還找來同校的乾哥，助我們爬牆一臂之力……。

大部分人的刻板印象中，應該是男生才會嚼檳榔。我不服輸，逞強學著吃。還因為吐出一大堆的檳榔汁，朋友都誇我好厲害，這讓我有種被認同，被肯定的幸福感與歸屬感。

我也愛跟朋友一起騎摩托車夜飆。記得某個晚上，一號召就是一百多輛的改裝機車，我們一路狂飆，警察就在後面追著……，那個過程實在太刺激太好玩了。青春年少的時光，本來就應該像這樣「轟轟烈烈」的過，才是王道，不是嗎？

國二之後，我的朋友愈交愈多，朋友變成我的全部，和他們在一起，我才能感到快樂。

學校變監獄，而我變身「大姐頭」

我不再喜歡回家，反正一回到家，就得獨自度過寂寞的夜晚，那空蕩蕩的房子，彷彿像是在提醒著：你是個沒人關心的孩子。**只要可以不回家面對那份孤單，要我做什麼都好。**

有很長一段時間，放學後我就和一群愛玩的朋友聚在網咖，有時就這樣待上一整個晚上。我待在網咖裡，可不是要打怪、練功、衝裝備，單純就是想找人聊天，想要有人跟我說話而已。

白天的課堂，就成了我最佳補眠時段，常常一睡就是一整節課。如果當天的精神好一點的話，我就會帶頭吵鬧、跟老師唱反調、和同學傳紙條、玩手機……，做遍任何影響教室內秩序的事。

很奇怪的是，不管精神多不濟，睡得再熟，我都能在第一時間聽到下課鐘。鐘聲一響，我會立刻衝出教室「找朋友」，找人聊天。

我很幽默很搞笑，在學校裡人緣很好，不只班上，可以說是全校的同學都認識我。我很會交朋友，不論學弟學妹學長學姐，我都能自然而然開啟話題。只要我一站在走廊上，身邊一定圍著一群人。

不過，我的脾氣不太好，若有人不小心說錯話，踩到我的地雷，我就不免大聲個一兩句。可能因為如此，老師覺得我在校內耍流氓，發號司令，還說我是「大姐頭」。

我的「大姐頭」個性，可不是只表現在犯規的地方。有次，我猜老師是為了懲罰我，要我擔任大家避之唯恐不及的「掃廁所組長」。雖然，覺得又臭又髒，我還是擔下來了（沒辦法，大姐頭個性啊）。

我利用本來用來補眠、作亂的上課時間，把肥皂塊刮成碎片，收集在寶特瓶裡。打掃時間一到，我把這些肥皂碎片，做成大桶肥皂水，然後用這桶水，大家邊刷邊玩，還玩到全身溼答答的。

原本「鬼見愁」的掃廁所工作，我們（我和組員們）竟然能在如此開心、輕鬆、無壓力的情況下，刷得清潔溜溜。那學期，學校還頒給我們好幾次的「整潔獎」呢。

不過，比起這樣的事，犯規的事似乎還是比較多。

漸漸地，下課我得在訓導處前罰站，午休則要在司令臺罰站，沒有半點自由。我開始覺得學校就像「監獄」，我的一舉一動都受到控制，只要犯點小錯，導師一通電話，就會把媽媽「請」到學校。

只有這種狀況，媽媽才會一反往常地，在家等我放學，為的就是罵我。我心中浮現疑問，「為什麼連我自己的媽媽都不懂我」。不但不挺我，還和外人站在同一個陣線。

我偷偷在心中下了決定：從此以後，不論發生什麼事，我都不要告訴她，反正說了也無益。

表面上乖巧懂事，實際上愈玩愈瘋

在媽媽面前，我開始扮演一個聽話的乖女兒。反正，我跟媽媽也很少見得到面，這個角色我能輕易揣摩，一點也不擔心被拆穿。

升國三那年的暑假，我表面上愈來愈乖巧，實際上卻愈玩愈瘋狂。白天，我是媽媽的乖女兒。媽媽還沒出門上班時，我們就一起吃午餐，聊天，看電視，有時也玩撲克牌、五子棋。

等到太陽一下山，媽媽前腳上班去，我後腳也跟著出門去。反正我只要趕在媽媽隔天清晨下班前，像童話故事中的Cinderella（灰姑娘）般，在規定的時間趕回家（假裝熟睡），謊言就不會被拆穿。

當時，正值暑假，隔天可以睡到自然醒，因此一出家門，我就是大玩特玩，甚至，可以說拚了命在玩。有時，是一票人聚會聊天，有時是朋友相挺去尋仇（打架）……。更多時候，追尋刺激——飆車去。

雖然，我通常是後座乘客，但是，我搭的這輛機車一定最有Guts。那時，我覺得要有「Guts」，就是要有「速度」。

我總催促著駕駛，把油門催到底，最好把同行的那票人，甩出視線之外。改裝後的機車，要飆到時速一四〇公里以上，輕而易舉。每當看著儀表板上的時速逐漸攀升，我的心裡，就有種莫名快感。

要能從車群中「脫穎而出」，除了速度領先，壓車還要壓到最低，最好壓到一個膝蓋幾乎要碰到地面，卻又不會碰到的境界。這樣一來，才夠刺激，才算有Guts啊。

好多次，我們都與車禍擦身而過，差點發生意外。但是，我不僅沒學到教訓，還一次比一次更瘋狂、更囂張。我靠著這樣「玩命」的行為，逃避一個又一個寂寞的黑夜。

友誼萬萬歲，還是真心換絕情？

「我沒有朋友，只有家人（I don't have friends. I got family.）。」我很喜歡《玩命關頭7》（Fast & Furious 7）中，唐老大的臺詞。

這句話似乎很適合套用在我的人生的一個重要階段。可惜，國中的我，完全沒體會到。直到後來，我才知道，**真正的朋友就像家人，家人永遠不會嘲笑你，遺棄你，不管你變得如何「可怕」**。

在國一、國二，我交了許多「朋友」。在當時的我的認知中，友情值千金，友誼萬萬歲。我自認是個講義氣的人，我覺得只要付出真心，對方也會真情回報，所以年齡不是距離，忘年之交又如何？

少了家人的關懷，朋友對我更加重要。在我的世界裡，只有朋友了解我，只有朋友會為我打抱不平，只有朋友會陪伴我，只有朋友願意聽我說話。只有和朋友在一起，我才會感覺到快樂。

換言之，我變得很容易相信朋友，只要朋友待我不薄，我就會對他更好；若是朋友被欺負，我勢必兩肋插刀，挺身而出。他們陪著孤單的我，熬夜聊天。當我惹事出事時，乾哥也會號召大家，幫我「解決」。他們在我最需要的時候，拉我一把。

「好朋友不就是應該彼此相挺、拔刀相助的嗎？」

換成現在，我肯定不敢這樣想了。真正的朋友除了支持我、挺我，最重要的是，在我處於困境時拉我一把，在我處於低潮時陪伴著我，在我受傷時心疼我，在我做不到時助我一臂之力。還有，在我變得「不一樣」時——關心我、鼓勵我。

曾經，我有很多很多的「朋友」，可惜不是每次都是患難見真情，偶爾一次的「真心換絕情」，就能讓我生不如死。當我走到這一回合，那些本來所謂的有情有義的知己好友們，像說好似的——一哄而散。

那天，是二〇〇七年7月10日⋯⋯。

有人勸別再如此瘋狂了，但我覺得這才是人生，
人生就該這樣轟轟烈烈。
等我知道我錯了，而且錯的離譜時，已經來不及了。
因為悲劇已經發生了！

Part 2

被火紋身的女孩

微不足道的機車打滑引起火燒車，
燒出了無限的懊悔與傷痛。
失去雙腳、左手和面目全非的事實，
才讓我驚覺「代誌大條了」！
我毫不感謝奇蹟讓我活了下來，
因為，這樣的我該怎麼活下去啊？

一場車禍，我成了獨臂少女

『96年7月10日晚間9點多，臺中市進化北路上一輛機車三貼飆速，疑似因過彎壓車不慎打滑，車身瞬間起火燃燒。駕駛人由於酒駕心虛，見狀後馬上逃逸。同車的後座女子被彈飛數公尺，僅受輕傷。曲身於腳踏板的莊姓女子，因撞擊力道猛烈，瞬間昏迷，置身火海之中……。莊姓女子歷經一次又一次的截肢手術，才得以保住性命。心跳曾一度停止的她，兩個月後，奇蹟似的甦醒。』

關於我車禍當時的報導，各家媒體差不多都是這樣描述的。等我奇蹟般清醒過來時，已是事故發生後的兩個多月了。

仍處於半昏半醒間的我，不斷產生幻覺，我不確定自己身處何處。因為我像極了《來自星星的你》中的都（敏俊）教授，擁有可以瞬間移動的超能力。早上睜開眼睛時在這邊，晚上睜開眼睛時又到了那邊。只是千變萬化的時空場景，完全沒有「人在醫院」這一場。

一天一天，就這樣一個月過去，我瞬間移動的功力正在減弱，在相同場景待的時間變長了。

突然間，我聽到有人用嚴肅的口吻，告訴我：「妳發生車禍了，這裡是醫院（中國醫藥大學附設醫院）。」

這剎那，我真的比較清醒了。我從瞬間移動，變成「動彈不得」。

我感覺到：所有的人都怪怪的，包括我自己。我想說話，卻發不出聲音（我的嘴裡插著管子）。我想起身，卻渾身無力。每天來探望我的親友，都戴著口罩、穿著隔離衣、戴著隔離帽。從他們的眼神裡，我讀到的是沉重與不安，每個人都在搖頭，嘆氣，頻頻拭淚。

奇怪了，我的甦醒不該歡喜嗎。為什麼大家看起來沒有一絲喜悅。雖然，我「全身」痛得不得了，但還是活得好好的嘛，大家未免太難過了吧。這時，我沒來的及意識到「代誌」這麼大條。我甚至不曉得，我已經跟以前不一樣了。

本來以為，我只是被燒得太嚴重，等到傷口癒合、身體復原後，還是可以跟「以前」一樣，回到家裡、回到學校、回到家人和朋友的身邊，回到那個轟轟烈烈的青春歲月。

在某次的換藥過程中，護士阿姨示意要我把雙腳向上抬。而當我抬起雙腳時，才驚覺到我的「兩隻腳」都不見了！接下來，護士阿姨示意我來個翻身的動作。不會吧，我的「左手」……，也不見了！

My God！誰可以告訴我！這到底是怎麼一回事！

我心中的驚嘆號數以萬計，原來事情的發展，並不如我想像的樂觀。我用僅存的右手，無助地對著護士比著「沒有」的手勢。

我忍住眼淚，直到換藥結束，我才偷偷地流淚。我哭了好久好久，大概是我車禍復原期間，眼淚流得最多的一次。我的心好痛好痛，那種痛，已經遠遠超越身體上的痛了。

失去雙腳和左手的事實，毫不留情衝擊我的思緒，我明明能感覺到三肢是連在我身上的，我能活動指頭，也能感覺到痛啊。真想馬上揉揉眼睛，搞不好是我眼花了；或者拍打一下臉頰，用力把自己打醒。諷刺的是，我連這樣輕而易舉的動作都做不來。

沒想到這一場車禍，竟然讓我一覺醒來「大變身」，除了全身超過百分之七十的重度燒傷，還失去了雙腳及左手，整個身體布滿鮮紅色的傷口，要說是「體無完膚」也不為過。

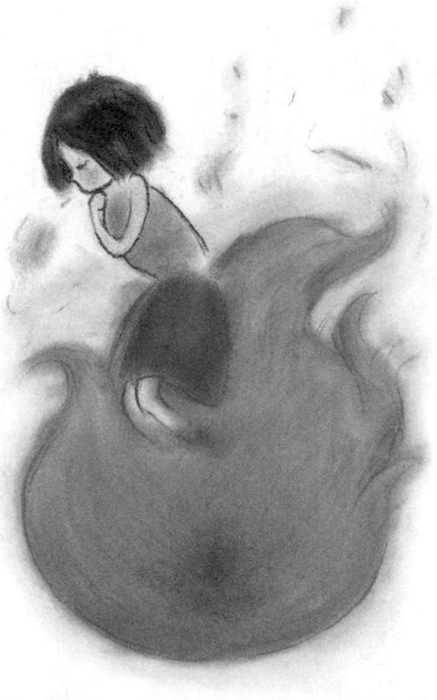

從沒想過，我會成為意外事故的主角，更從沒想過，我會因為一場車禍而改變人生。

雖然，我很痛苦難過，但我卻盡量隱忍，我不敢讓家人知道我的心情。我總是等到所有人都不在病房時，才獨自痛哭。我才14歲耶，人生還這麼長的路，失去雙腳的我，到底要怎麼「走」下去啊？

充滿悔意、借酒澆愁的媽媽

後來，我才知道，媽媽接到通知時，她的第一個反應：「搞錯了吧，雅菁在家裡啊，我剛跟她通過電話耶。別開玩笑了。」

對媽媽來說，這玩笑真的開大了。

這也難怪，事故當天下午，我還跟媽媽一起下五子棋。她出門上班之後，也確實和我通過電話。媽媽根本不知道，一跟她講完電話，我就飛快地踏出家門，逍遙去了。也更不可能想到，我還瞞著她，做了許多老師、父母耳提面命「不准」，而我這個年紀也不應該有的不良行為——抽菸、嚼檳榔、喝酒、飆車……。

當媽媽抵達中國醫藥大學附設醫院急診室，醫護人員告訴她，眼前這個燒得焦黑、面目全非，容顏難以辨認的「人」，就是她女兒時，媽媽完全無法置信，她大喊著：「這不可能是我的孩子啊……。」

直到警方把事故現場找到的手機記憶卡、項鍊等沒遭到惡火毀損的「證據」拿給她時，近乎崩潰的媽媽，才不得不相信這個事實。

從媽媽簽下了第一張「清創手術同意書」開始，一連串為了搶救我的生命的手術，就此揭開序幕。

聽說受傷初期，我每天高燒超過40度，卻始終找不出發燒原因。醫生告訴媽媽，「若不透過截肢手術，存活率幾乎是零」。換句話說，想要讓我活下去，媽媽除了簽下「截肢手術同意書」外，別無選擇。短短的二個月就簽了三次。這三張「同意書」，帶走我的雙腳及左手。

正如醫生建議，截肢之後的我，雖然好不容易退燒了，卻仍然處於昏迷狀態。此時此刻，親友們早已做好失去我的心理準備。

媽媽事後提到，當時的她是很無助的，沒有人可以和她一起分擔這樣沉重的責任。每一次來自院方的通知都是壞消息，她一次又一次在手術同意書上簽名，心裡是多麼地不捨與掙扎啊。

為了保住我的性命，媽媽必須假裝勇敢地下決定。

在我住院的期間，媽媽通常一回到家就把自己灌醉，期待酒精的麻痺，能讓心裡好過一點。後來，媽媽總是一直跟我抱歉，說要不是她當初只顧賺錢，以為物質可以取代母愛，就不會發生這樣的憾事了。

媽媽也擔心截肢同意書一旦簽下去，活下來的我將恨她一輩子。但她寧可我恨她，也不願意讓我死去。

身心重創的我，看不見未來

那時，我嘴裡插著呼吸管，和外界溝通的唯一方式是「寫字」。每次一到會客時間，我會跟媽媽示意，「我想要照鏡子，我想要看自己」。她卻總是慌張地推託說「這裡沒有那種東西」。甚至，連護士也會附和媽媽的說法。肯定有問題，似乎是怕我看到「不該看的」。

我住在加護病房的時候，唯一能做的娛樂就是聽音樂。我的床頭擺了很多的專輯。媽媽很用心，除了把我國中以來，就死忠支持的李聖傑的專輯帶來外，還會去向年紀與我相仿的人打聽，看看最近流行哪些專輯，然後，買來送我，讓我在病房裡可以聽。

某天，我「靈機一動」，請媽媽把其中一片CD拿給我。我想看看專輯上介紹。拿到CD，我翻到背面。終於，我看到自己的模樣……。

嘴裡插著呼吸器、只剩半截的鼻子、不完整的耳朵，還有看起來很驚恐的雙眼。此外，其他地方都被滲出血漬的紗布包覆著，我像極了歷史課本裡才會出現的木乃伊。

「妳……還好嗎？」媽媽肯定沒料到我會這麼做，嚇傻了。我在紙上寫下「沒事」，故意還問了其他的事，想要扯開話題。其實，我超後悔，為什麼要「自作聰明」，想到這個方法。

過去，身邊朋友都說我是「外貌協會」。對自己要求，穿衣服很講究，出門前還要先洗頭，讓頭髮蓬鬆才好看。交朋友也是外表第一，所以，我的朋友不是帥哥，就是美女，要不然至少會打扮。

看到這樣的「新面貌」，我怎麼可能沒事，我根本被自己的可怕模樣嚇到，無形衝擊毫不留情地迎面而來。我強忍著淚水，等到會客時間結束，媽媽離開病房，我才徹徹底底地崩潰了。

之後的每一天，我的腦中時刻會浮現出自己恐怖的模樣，生不如死的念頭愈加強烈。可悲的是，我連動的力氣都沒有，想死也死不成。

經歷這場意外，不僅讓我身體重創，就連心靈也傷痕累累。我難以接受，居然是我的「朋友」，肇事後逃逸，放任我燒成火球。

再來，我開始責怪醫生、怨懟家人，為什麼要把這樣的我救活，就讓我葬身火海不是更好嗎？奇蹟雖然讓我活了下來，可是，未來的我，要如何有勇氣繼續活下去呢？如此破碎的我，存在這個世界上，究竟有什麼意義呢？我簡直不敢想像。

明知道這條罪，根本不該怪任何人，是我該為自己的行為負責才對，但是，「遷怒」起碼會讓我好過一些。畢竟，我才14歲耶，我沒有能力，也沒有勇氣，承擔起如此重大的意外。

啊，多麼痛的領悟

無數的懊悔，在我腦袋瓜裡打轉。不過是追求一下刺激快感，不過是微不足道的機車打滑意外，這樣貪玩的代價未免也太大了吧。不僅我得承受，還牽連身邊的人跟我一起「撩落去」。

意外的發生，讓我領悟不少。這是一種痛不欲生的領悟。做任何事情前都要想清楚，並且要曉得對自己的選擇與行為負起責任。

人生不是遊戲，並不是一個按鍵就能輕易「重新開始」的，每一步都得走得小心謹慎。正因如此，走在人生路上，路旁往往有許多叮嚀與提醒，又或者是——警告。一旦忽略這些貼心善意的指標，往往得用加倍的力氣彌補回來。

千萬不可以心存僥倖。就像我車禍前，早已多次與意外擦身而過，我卻從不把這樣的警告當成一回事。沒有人可以預知下一秒會發生什麼事，發生的事也許無關痛癢，也許讓人遺憾終生。

Part 3

在醫院苦中作樂的167天（5M14D）

清醒後，真正的痛苦才算降臨。
嚴重灼傷的我，暫時還回不了家。
畢竟，只要傷口稍有感染，
就可能危害到我得來不易的生存奇蹟，
我得繼續住在加護病房，接受專業照護。
出院對我來說，很遙遠。

最期待的事，變成最痛苦的事

一開始，「換藥」是我最期待的事。

換藥前，護士阿姨會先幫我打針止痛，其實，就是打「嗎啡」。由於我燒傷面積很大，得下超強的劑量，才有效用。嗎啡根本就是「解痛仙丹」，這一劑打下去，我幾乎昏睡過去，所有的痛都無影無蹤。

嗎啡具有成癮性，也被列為管制藥品。依賴嗎啡二個月以來，我可以算是打上癮了（而且是相當嚴重）。記得那陣子，每天一早，我都會精神亢奮地搖床，希望護士快點來幫我打針（嗎啡）。我當時的主治醫師——周爾康醫生擔心，若繼續施打，恐怕會本末倒置，於是宣布：「妳不能再打止痛針了。」

從此之後，本來我最期待的事，變成最痛苦的事。

雖然，我總是吵著（用眼神在呼喊）要打針，不然拒絕換藥。並企圖用眼淚向醫生爭取「解痛仙丹」，仍徒勞無功。不論醫生考量的點為何，對一個剛滿14歲的孩子來說，就是一個慘無人道的宣判。我無法體會嗎啡上癮的嚴重性，我只覺得：沒這解藥，我會死掉。

還好，醫生還有點同理心，知道沒有打嗎啡，我會承受不住，所以在換藥時，改為我打一般的止痛劑，有時一打就是7、8針。

我身上超過70％以上的面積三度燒燙傷。燒燙傷的皮膚比起正常皮膚脆弱許多，即使用棉花棒輕輕擦過去，我的感覺卻會像是被刀子劃過去似的。所有的疼痛，都被我的觸覺神經放大檢視。

因此，每次一到換藥時間，護士阿姨才開始準備，我就開始緊張。傷口稍微被碰觸，就像被扒了一層皮般。只是，當我愈緊張，傷口的血便會流得愈多。換藥過程的折磨與疼痛，難以形容，但也印象深刻。縱使至今仍歷歷在目，我無法想像，我到底是怎麼熬過來的。

有時候，從拆掉紗布到換藥完成，就得耗費2小時，我通常哭全程，更多時候是換藥結束，我已經掙扎到體力耗盡，只剩眼淚繼續流。

我嘴裡插著呼吸管，無法說話，無法求救，只能用哭來轉移疼痛。只剩一隻手的我，根本不足以對抗護士的七手八腳。

連同昏迷期間，我在醫院待了5個月又14天，醫院變成我的第二個家。時間愈久，我似乎比較能釋懷了，既來之，則安之，我學會「苦」中作樂。

不能以打嗎啡來止痛之後，原本最期待的換藥，變成我驚聲尖叫的事。換一次藥，幾乎就耗盡我所有的力氣。

果然，苦中作樂就是一劑良藥，當我用不同心情，面對痛苦時，好像也不那麼痛了。雖說如此，「換藥」依然是一件無法忍受的事。個性中潛藏活潑因子的我，不再哭喪著臉，反倒會惡作劇，故意嚇護士。是娛樂自己，也是我自認很高招的拖延戰術。

有幾次「換藥」過程，我故意翻白眼、假裝昏倒。聽著身邊護士緊張地大喊我的名字，心裡還相當得意自己的演技逼真。不過時間一久，眼睛當然痠得受不了，只好恢復正常的狀態。

「妳還好嗎？妳剛剛突然昏倒了耶。」護士看到我恢復正常，鬆了好大一口氣，差點就要按求救鈴的她們，焦急地關心我。

「真的嗎?!我不知道耶……。」其實，我正在偷笑呢。

偶一為之的惡作劇，為我苦悶的病房生活，帶來一點點樂趣，也為我的「演技」建立一點點的自信心（哈）。只是幾次之後，再用同樣的方式捉弄護士阿姨，就行不通了。

「她不可能昏倒啦！」故技重施時，我先是聽到一個護士這樣說。

接下來，她居然狠心的擰了我的肉。

「媽呀，真的太痛了啦！」我只好乖乖求饒。

原來，我的演技（還有忍痛的程度）都得再多多加強啊。我裝昏倒的把戲，隨即被拆穿。從此以後，我就不敢惡作劇了（至少在可怕的換藥時間，絕對不敢）。

為吃美食做準備，挑戰「非流質食物」

那時，我嘴裡插著呼吸管，靠呼吸器呼吸，一天要抽好幾十次的痰，如果不把痰抽掉，即便是靠著呼吸器，也會呼吸困難。每當我開始咳嗽時，就代表喉嚨的痰累積到一定的量，接下來就是「抽痰」伺候。

「抽痰」比起換藥，更是折磨與不人道，簡直可以算是我住院時的大魔王吧（完完全全不想遇到它）。當護士阿姨準備把抽痰管放進我喉嚨時，我已未戰先求饒，更何況，那可怕的管子還要往下深入到我的喉嚨與氣管。痛苦指數，瞬間攀升。過程中，我會用僅存的右手握住人的手（常常是媽媽，也可能是親友），然後，不只痛到眼淚不聽使喚地直流、兩截大腿不自覺地向上翹起，身體還會整個彈起來。

醫師看我每次都這麼痛苦，提議把插在嘴巴裡的呼吸管拔掉，直接做「氣切」。我第一時間的想法，是「如果可以不抽痰，做什麼都好」。即使我根本不知道什麼是氣切，也不知道氣切之後會怎麼樣。

氣切後，感覺好多了。雖然，還是會有痰產生，但已經不需要把管子插到喉嚨，才能清痰了。有痰的時候，護士阿姨會把氣切管打開，我只須配合用力咳嗽，把痰咳出來就好了。

再過不久，醫師告訴我，可以吃「流質食物」了。一聽到這個「好消息」，幾個和我比較熟的護士阿姨（姐姐）們，偶爾會買布丁、飲料讓我解解饞。在這之前，我整整4個月沒「吃東西」了。大部分的「食物」來源，是用鼻胃管灌的牛奶，而且食不知味，只感覺到鼻子涼涼的。

住院期間，我總是拜託媽媽，把她要吃的午餐帶來病房吃，媽媽很疑惑，她覺得這樣做，對於「不能吃」的我，不是太殘忍了嗎？

我告訴媽媽：「我是在為未來做準備啊。」

雖然，我「**現在**」不能吃，但是我「**以後**」可以吃啊。我看媽媽吃了什麼，才知道我出院後，可以吃哪些「好料的」。我希望第一口吃到的就是美食，畢竟憋了這麼久，我一點都不想要踩到地雷。

就這樣子，每次媽媽一邊吃，我就一邊問，我就像「食尚玩家」的製作團隊，訪問正在吃東西的媽媽，蒐集最「美味可口」的情報。

「今天吃的是什麼啊？」

「今天的食物得幾分？」（分數太低的話，以下省略）

「今天的食物在哪裡買的呢？」

「這家店，還有其他的招牌菜？」

「媽媽，妳推不推這家的料理呀？」……

媽媽除了想辦法用「說」的方式，表達出她對食物的感覺外，還特別準備一本小冊子，裡頭寫滿了我「未來美食」的口袋名單，密密麻麻的，全都是我出院後準備大快朵頤的。

光「流質食物」，已經無法滿足我了。我體內的叛逆成分，可沒被這場意外給燒光，愈是不讓我吃，我就愈是想吃。我燃起熊熊鬥志，一心一意就想挑戰「非流質食物」。

住院期間，阿嬤每個晚上都會來醫院陪我。當我能吃流質食物後，她便把湯帶到醫院來，親自餵我。有阿嬤親自餵我喝，連湯都變得好可口。可是，我真的好想「吃東西」。有次，我任性地告訴阿嬤「好想吃水餃」，沒想到，她二話不說，馬上去把水餃買來了。

阿嬤貼心地把一顆水餃切成五小塊，然後，一小口一小口耐心地餵我，美味當前，我也顧不得吞嚥困不困難，就這樣一小口一小口地吃，不知不覺，我就吃完了五顆水餃。

疼我的阿嬤，
為了一償我想「吃東西」的心願，
跟著我一起叛逆，
幫我準備非流質食物——水餃，
還耐心地餵我吃。

我想起，還跟爸爸住在一起時，因為工作長期居住在臺北的爸爸，只要一回到大雅，就會帶我去巷口水餃店。除了水餃，我們還會點碗蛋花湯，和一盤燙A菜。也許因為爸爸的影響，我本來就很喜歡吃水餃，盼了這麼久，再次吃到，只能說是「人間美味」。

隔天醫師來探視時，我親口跟他「說」這件事。醫師感到很驚訝：「妳真的好厲害喔，我遇過這麼多的氣切病人中，妳是第一個可以吃東西，又可以說話的病人耶！」

我自己也感到挺神奇的。我好久沒有被人稱讚了，這次居然因為「偷吃」被誇厲害，而且還是我的主治醫生說的。

出車禍之前，我就很喜歡主動開啟話題、跟人聊天，也挺喜歡聽聽別人的故事，這也難怪，我以前總是在網咖一聊就聊通宵了。出車禍之後，插管一插就是好幾個月，難免想要出個聲音，嘗試看看自己能不能再說話。也許就是這樣的企圖心，讓我在氣切的狀態下，還想著突破障礙，用「說」的來表達吧。

聽損未必是壞事，我學會用「心」聽

在醫院這167個日子裡，從厭惡、抗拒到不得不面對，我總算稍微適應這殘缺的身體，也試著找出一些適合我「這個樣子」的生活方式，好讓我之後可以活得「正常」一點。

我已經夠幸運的了。即使送到醫院時全身燒到焦黑，燒的好險都是表皮（連屁股跟胸部都被燒光光了），沒傷到內臟器官。倒是左耳右耳的神經受損程度，分別將近70％，受傷後，我的兩隻耳朵加起來的聽力，還不及正常人的一隻耳朵。

也就是說，我是一個重聽的人，除了很難透過電話與人通話，當面想要跟我說話，也得扯開嗓門，要不然就得字正腔圓地慢慢講，還不能有「第三者」同時插話，一旦「人多嘴雜」，我就聽不清楚了。

這的確讓人很困擾，也很失禮。和我對話，不是像在吵架，就像在演講比賽。其實，連我自己都覺得好尷尬。

幸好天無絕人之路，在幾近面目全非、體無完膚的狀況下，上帝還讓我保住雙眼，我的視力並未受到損害。我學習讀脣語，也懂得利用文字與人交談（加上通訊軟體愈來愈方便）。

在我看來，「聽損」也不完全是壞事啊。例如，別人嘲笑我的殘缺時，我聽不到；聊八卦時，我不會一起進入話題。「聽不清楚」似乎是保護自己、不受影響的一種方式。

因為聽力不好，我不是很喜歡講電話。還好，現在的手機「超級智慧」，透過文字我能更自在地與人交談。多年自我訓練下來，我打字的速度可是飛快的唷。

聽力好的時候，我反而常沉不住氣，尤其是對老師、家人，話都還沒聽完，就覺得他們一定是要罵我，讓我難堪；就算把話聽完，也只是斷章取義，總是聽不到他們的用心良苦。

車禍後，正是因為「聽不清楚」，我更能用「心」聽，仔細聽，這樣一來，才不至於忽略話語背後的真正意義。不只如此，當外界音量變小，我也容易靜下來，專心地思考每件事，有耐心地做好每件事。我懂得放慢腳步，聆聽自己的聲音。

學會「傾聽自己」，也算是這場意外帶來的收穫之一。就像以前我很容易受到外在世界的操控，若有人說抽菸Cool，我想都沒多想，就先抽了再說。即便我知道，我根本一點都不喜歡抽菸。

現在，我懂得聆聽自己的「心」，我不再因為一句無關緊要的話，影響自己的意志，也不再因此迷失。

Part 4

烈焰後，看見滿滿的愛

家人們在病榻前的照顧與陪伴，
為我的周圍注入滿滿的溫暖與愛。
爸爸的眼淚、媽媽的奔波、哥哥的承諾，
瓦解擋在我們中央的牆。
從小最疼我的阿嬤，依然愛我，
每天舟車勞頓，就為了要見我一面。

輕狂的代價，連累家人共同承受

我很清楚，車禍之後，媽媽有很長一段時間，選擇封閉自己。要不就來醫院照顧我，要不就是躲在家裡，足不出戶。每每聽到救護車的鳴笛聲，就會聯想到我發生車禍的當下。

媽媽感到非常的不安，不安到一閉上眼睛，就會想像起當時身陷火海的我，不斷地哭喊著「媽媽救我」，而她卻一直到我燒成一團焦黑，被送到醫院急診時才知道。

我猜，媽媽的衝擊不比我少，這個衝擊已大到她難以承受。她常自責一點忙都幫不上，恨自己為什麼沒有辦法替我分擔這些苦痛。一場突如其來的意外，讓媽媽驚慌失措，只好一回家就用酒精麻痺自己，想說這樣子的話，可以讓錯綜複雜的情緒，暫時停止吧。

還有，最疼我的阿嬤。這段時間，也顧不得自己身體上的不適，每個晚上都堅持到醫院看我，而且一待就待到9、10點才離開。

媽媽的心情並沒有因為我的甦醒而好轉，
反而一直陷在不安與自責之中。

住院五個月多，我跟媽媽什麼都說，什麼都聊，即便因我年紀小，醫生通融把1小時的會客時間，延長成5小時，我們還是覺得不夠。

實在很難想像，車禍之前，我們母女倆的互動幾乎等於零。雖然住在同一個屋簷下，房子不過那麼大，但是彼此根本「無話可說」，各忙各的。我唯一會主動跟媽媽說話的時候，大概就是要跟媽媽拿零用錢，或是要媽媽幫我做什麼事的時候。

這段住在醫院的日子，我化解了過去對媽媽的不諒解，也讓我知道，我不能失去媽媽的陪伴，尤其是在醫院，尤其是變成這樣的我。也許，這才是所謂的「患難見真情」吧。

朝夕相處讓我看見——媽媽的愛

因為相處的時間「暴增」，我聽到好多以前沒問過，媽媽也不曾提過的故事。**我這才開始認識媽媽。**

每到中午的會客時間，
媽媽帶來我滿心期待的午餐，
我們一邊吃，一邊看電視，吃完了就聊天，
愈聊我也愈認識媽媽。

媽媽20歲結婚，21歲生哥哥，23歲有了我。也就是說，她身邊同齡的同學朋友還在「逍遙」時，她已經當媽媽了。

懷抱憧憬建立的家庭，並不如媽媽想像中的美好。以為能依靠白馬王子，過著幸福快樂的日子的美夢，因屢屢失敗的生意，來到破滅的邊緣。隨著媽媽與爸爸的爭吵愈來愈多，愈來愈激烈，原本人人稱羨的感情，裂痕一道一道的浮現。這些裂痕雖然無形，威力卻很大。

也許是成長環境的關係，媽媽從小看著外公外婆白手起家，只靠外公一份薪水，省吃儉用，拉拔5個子女長大成人。童年時期的辛苦，讓媽媽從小就立志要「賺大錢」。所以，她曾經把物質看得很重，也以為每個人都是如此，包括我。

為了賺錢，媽媽到夜店上班，卻迷失在夜生活中。年紀輕輕就步入婚姻的媽媽，忘記自己有家庭有孩子，經濟壓力加上五光十色的誘惑，使她遺忘初衷，享受外在世界，也變得愛玩。未能即使修補的裂痕，加上身邊朋友的鼓勵，她毅然決然為這段婚姻畫下句點。

媽媽是個渴望被愛的人，當我可以搬去和媽媽一起生活時，她除了忙著賺錢，還忙著談戀愛，自然沒空理我。她總覺得，孩子若需要什麼，她就給，而且還會多給，這樣應該夠了吧。

「對不起，我想著自己需要愛，卻忘了妳也需要。我從前只顧著自己，卻忽略妳的心情，妳今天都是這樣子都是我害的。」

媽媽這樣說時，我突然覺得很慶幸。直到我變成這個模樣，媽媽仍然對我不離不棄。**這樣的愛，我以前怎麼就看不到啊**。

過去，我覺得媽媽離家時不帶我走，就是拋棄我。車禍之後，我才知道，媽媽也曾極力爭取帶著我和哥哥一起生活，只是爸爸不願意。爸爸也許就是擔心，媽媽一個人無法把我們照顧好吧。因此，媽媽很努力地賺錢，為的就是要得到爸爸的應許。

當我終於爭取到搬去和媽媽一起住，以為能享受母親的懷抱時，媽媽仍然是以工作為重，她認為物質就是愛。我氣她不陪我，卻沒想過她肩膀上的壓力——養我，養活一個家。

當我在學校被罵，媽媽也跟老師同一個鼻孔出氣、指責我時，我便單方面認為：媽媽不挺我、媽媽不愛我。卻從沒想過要把這樣的想法傳達給她，只是用激烈的行為反抗，反抗，再反抗。

認真回想起來，這分愛一直都存在著，只是過去的我，總用自己單方面的想法來解讀她的一切，許多的誤解，就此衍生。

爸爸的眼淚，瓦解父女之間的厚牆

車禍後，再看到的爸爸，已經不是我認識的那個。

之前，我很怕爸爸，單純因為他看起來很凶，眼神很「殺」。只要他說一，我就乖乖照辦，不敢有第二句話。但我也很清楚，爸爸很疼我，對我很好。還記得，爸爸常常都說我比哥哥懂事，每次發零用錢、壓歲錢時，都偷偷幫我加碼，讓我把豬公餵得飽飽的。

過去好幾次，我都是提前好幾天做心理準備，並鼓足勇氣，懷著忐忑不安的心，才敢開口說出「想搬去跟媽媽一起住」的願望，恐怕連說出來的每個字都在發抖吧。被駁回的次數其實不算少，一直到要升小六的那個暑假，爸爸才終於答應。

我沒有問過爸爸，為什麼會突然答應我的願望，我猜可能是我一直哭求爸爸，他受不了哭鬧。但也可能是父女同心，他真的聽見「我很想很想跟媽媽一起住」的渴望吧。

爸爸根本不可能想到，我們父女會在如此心痛的場合相見。爸爸一向堅強，在我的記憶裡，他就是那種鐵錚錚的漢子，說起話來中氣十足，做起事來義氣第一。但是，當他來到醫院，看見躺在病床上的我時，卻不是我印象中的那個樣子。

爸爸用那雙大大厚厚的手，摸著我的頭。很奇怪，我的頭明明包滿紗布，卻感受得到屬於爸爸的溫度。然後，他用淚流不止的雙眼，看著我。什麼話都沒有說，而我卻什麼都懂了。這樣的互動，打破我和爸爸之間那道無形的牆，縮小我們之間的距離。

還住在醫院時，爸爸不太敢面對我，我們很少見面，也不常聯絡。即便到了現在，爸爸仍處於傷痛的氛圍裡，通話與見面次數都不多。但是，每次一有機會通上電話，爸爸第一就是關心我的身體狀況。從和爸爸的對話中，我聽得到他的心疼與心碎，他總是不斷說著心中的不捨，反而是我安慰他，要他別擔心。

我發現，爸爸不只聲音變慈祥了，看起來也慈祥多了。這不光是爸爸改變了，而是我也變了。這場車禍，把我們的心拉近了。

哥哥的承諾，讓我重新擁有手足之情

除此之外，我和哥哥的關係，也得到修復。

我的哥哥大我2歲，當我們都還小的時候，感情非常非常好。我很崇拜他，所以也喜歡跟著他。他走到哪，我就跟到哪。我逢人就炫耀：「我哥哥很帥哦，他是世界上最帥的哥哥。」

長大一點，哥哥會去玩大老二、四支刀（說白一點，就是賭博），也常帶著我一起去。他都會說我是他的「幸運星」，只要有我在，他就很Lucky，自然會是最大的贏家。而我就是小贏家，因為哥哥只要有贏錢，就會大方給我「吃紅」。

只是當哥哥愈長大、朋友變多後，我們的關係也變了。我不再是他的「幸運星」，即使見面也幾乎沒有話說。雖然，我還是想跟哥哥一起玩，卻故意忽視渴望，不願意主動開口。到後來，我們幾乎形同陌路。

清醒之後，哥哥第一次來看我時，我就像一個重新找到溫暖的小女孩，卻擔心他看到我這個樣子，會討厭我。我鼓足勇氣，告訴他：「我的一隻手不見了，一雙腳也不見了，還留下一張不完整的臉。以後的我，有很多事無法自己做，會給身邊的人帶來很多麻煩……。」

「妳沒有了左手，我可以當妳的左手。妳沒有了雙腳，我可以當妳的雙腳。以後，妳想要去哪裡，我都可以揹著妳一起去。我會一直陪著妳，我一點都不怕麻煩。」

我永遠記得哥哥對我說的每一個字。尤其在這個既悲慘又無助的時刻，這些話聽起來格外動人。我的哥哥果然還是最好的，即便哪一天，天真的塌下來了，他也一定會幫我撐著。

意外發生後的第一個生日，我還在處於昏迷之中。從第二個生日開始，哥哥每年都會騰出時間，幫我慶生。這是以前不曾有過的。

病榻之下，我更能體會：愛無所不在

這場車禍，讓我們一家人聚在一起，也讓我們的關係變得更親近，原本冷冰冰的情感，似乎又開始熱絡起來。我深深的體會到——「無論如何，親情將是永遠都在的」。

情感的疏離，很多時候是因為彼此之間不願接觸、不去交流、不肯重視，久而久之，我們的心都封閉起來，活在自己的世界之中。即使自己心中還存在那一點點情味，卻寧可忽視，也不嘗試分享。

有些家庭關係就像這樣，一步步朝冷漠靠近。靠近速度無論快慢，總是讓人不知不覺，等到忽然發現，差不多都是出大事的時候。

東方父母多半「愛在心裡口難開」，明明很疼愛子女，卻句句是責備。或因工作太忙，把孩子丟到安親班補習班，認為「外人」的陪伴，可以彌補父母的愛。就像媽媽曾以為，當我想要什麼，她就買什麼，或帶我去百貨公司 Shopping，就是愛我。不過，我感受不到愛啊，我要的，是媽媽撥出時間，陪伴我關心我而已。

後來，我們都開始了解，每個人對愛的定義都不同。單方面的以為和認為，往往會造成很深很深的誤會，或者——傷害。

我以前也很難想像把「愛」掛嘴邊，這樣未免太熱（矯、濫）情，太不「矜持」了。不過，現在的我，可是開口閉口都是「愛」呢。**這可無關宗教，無關信仰，「愛」本來就應該適時的表達**。你不說，誰曉得你在想什麼，誰又會知道你正愛著他呢。

如果可以，我多希望更早之前就和家人建立「愛來愛去」的關係，就能體會到家人對我的愛。但我清楚地很，一切都不可能從頭來過。與其活在過去，不如記取這個經驗，珍惜現在所擁有的。

心中有愛，就說吧。想知道對方怎麼想，就問吧。與其拐彎抹角，旁敲側擊，言語的交流簡單明了多了。不是嗎？

現在，每到農曆過年，忙碌的爸爸與沒有住在一起的哥哥，都會撥空與我團圓。

Part 5

死去活來的漫漫復健路

傷口新生的疤痕缺乏韌性，
復健時的伸展拉扯，像極了執行酷刑，
生不如死的過程，真的好想放棄。
但若舉白旗，錯過黃金關鍵期，
我也許真的得像烤熟、
彎著身體的「蝦子」，拱著背過一輩子了。

復健像酷刑，忍著痛也要配合

住院4個月後，為了把握傷口的黃金恢復期（約0～6個月），將燒傷處的新生疤痕拉開，復健師開始我的「伸展疤痕」復健計畫。

由於燒傷後的皮膚組織，因高溫（約60～70度左右）改變性質，所以傷口附近的新生疤痕，除了不像正常皮膚具有彈性外，還會在癒合時產生收縮。若沒能積極復健，恐怕因收縮嚴重，導致肢體畸形，甚至，影響日後使用功能。

我的情況更是棘手，70％以上都是三度燒燙傷，皮膚組織可說「整組害了了」，幾乎都呈現壞死狀態。不但前期要進行清創手術，後續還有很多復健、重建手術等著我。此時的「伸展疤痕」，算得上是「酷刑」了。每一個伸展拉扯的動作，都讓我——**痛不欲生**。

那時候的我，因為全身都是傷口，雙腳也截肢，行動不自如，每天下午的復健時間，索性就直接在病房裡病床上進行了。

我脖子的右側燒傷很嚴重，傷口癒合過程中，新長的疤痕像一隻隱形的手，把我的頭部往右邊拉。為了改善「頭歪歪」的狀況，復健師會使出全力，把我的頭「扳」回左邊。一點都不誇張，那簡直就像是脖子即將「被扭斷」的感覺。

當我還驚魂未定，停留在「被斷頭」的恐懼中哭泣時，復健師又會叫我把（只剩大腿的）雙腳抬起來。如果抬得不夠高的話，他也會「幫」我「喬」一下。不管哪一個動作，我都驚聲尖叫。

燒傷後的皮膚是比較僵硬、沒韌性的，做類似伸直、拉扯或彎曲的動作時，就好比手扒雞被分食，是一種渾身要被撕裂的感覺，只是我不像烤雞已經熟透而毫無知覺。因此，每當復健（或說「執行酷刑」）時間一到，我都是「剉咧等」，心想又要去掉我半條命了。所以，我會故意在會客時間賴皮，拚了命用僅剩的右手拉住媽媽，一邊哭，一邊喊：

「我不要做復健了，不要復健了……，拜託！」

媽媽很容易心軟，不忍心也不願意看到我如此痛苦的樣子，於是就幫我跟醫生求情，想幫我請假。院方當然考量復健不能等，最後，乾脆直接下通牒：只要遇到復健時間，家屬一律不得在場。護士也提醒媽媽，若再「賴皮」下去，可能連延長的會客時間都會被取消。媽媽尊重也相信院方的復健療程，迫於無奈也只能照辦。

媽媽說，當時的她心情低落，即使知道我很苦，卻完全幫不上忙，不能幫我痛，不能幫我復健。其實，我也知道，媽媽的心情很亂，很複雜。我相信，她也跟我一樣，承受著錐心刺骨的痛。

我出院了，但惱人的「疤痕」也跟著我回家了

沒想到，我在加護病房一待，就是5個月又14天。二〇〇七年12月24日，我獲得有始以來最棒的聖誕節禮物，這天，是我每天睜開眼睛，就滿心期待的日子——我出院了。

我一直一直都好想回家，好想趕緊離開這充滿藥水味的醫院，離開這每天都在搶救脆弱生命的加護病房。事實上，等我回到家，才知道一切並不如我想像中的美好。

當悲劇發生之後，我的世界，已經不是我曾經認識的模樣了。就好比電影《五月一号》裡，有提到的：「人可以回到原來的，地方，但怎麼也回不去原來的，時光。」

眼前小小空間，每個角落都充滿著過去的回憶。家中的景象依舊，而我卻是全身傷痕累累地歸回，過去熟悉的事物，變得既陌生又遙遠。除此之外，還有更多更多的疼痛和不適應，等著我重頭開始，用這個殘缺的身體去學習、習慣、克服。例如，新生的疤痕。

這疤痕不光長出來後讓人傷腦筋，長的同時也讓我吃足苦頭。怎麼形容才好呢？長疤痕時，的確像極了成千上萬隻的螞蟻，在身體上爬啊爬的，尤其到了半夜，更是痛苦難耐。即便我企圖想要忽視它的存在，但那是一種任誰都承受不了的癢。

因此，在大部分的人都裹著厚棉被睡覺的寒冬，我會把冷氣開到21度，外加電風扇最強風速，試圖借助「冰冷空氣」，讓我的皮膚「聽話」一點。若把持不住抓起癢來，可真的會「一抓不可收拾」。

癒合中的傷口是非常脆弱的，輕輕地抓一抓，恐怕還沒有止到癢，「血」就先滲出來了。多虧媽媽不時幫我按摩燒傷處，舒緩我的不適，直到我入睡。有時媽媽累了，只能靠自己，唯有按摩按到累了，我才會因體力不支，稍微瞇一下。好幾次，閉上眼睛沒過多久，又再度被「螞蟻雄兵」喚醒，繼續和「痛」和「癢」搏鬥。

此外，因為前胸大範圍的燒傷，讓新生疤痕拉緊我的胸部和腹部。我就像一隻熟透、拱著背的蝦子。好長一段時間，我躺下的同時，只剩半截的雙腳，就這樣和床鋪垂直，懸在半空中。

家裡的床不像醫院的電動床，可以配合身體「彎度」調整角度，因此，我幾乎每天都「坐」著睡覺。媽媽拿了家中所有枕頭，堆在牆邊，我就這樣靠著枕頭山，試圖讓身體不要因為彎曲的姿勢而感到痠痛。

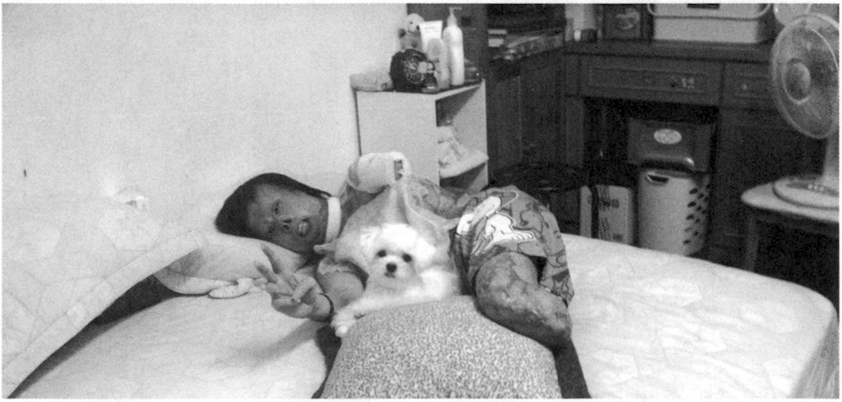

這是剛出院、回到家不久的我。那時，我全身上下布滿尚未癒合的傷口，為了方便換藥，只穿著一件四角褲。雖然，那是偶有低溫特報的 12 月天，我還是得靠吹冷氣和電扇來止癢，紓解新生疤痕的不適感。

我幾乎遺忘醫生的叮嚀，把「愈是舒服的姿勢，愈容易讓新生疤痕收縮」的告誡當成耳邊風，一回到家、一脫離醫護人員的「毒手」，我什麼都管不了了，不只換藥一拖再拖，復健也全都不做了。媽媽用勸的哄的罵的，都請不動我。我就這樣，我行我素將近2個月。

其實，快要出院那時，陽光基金會的社工就有到醫院探訪我，他們依以往的經驗判斷，少了專業人士協助，我的傷口肯定不能好好照顧，果然，當社工前來家訪時，我的傷口已發出惡臭，於是，聽了社工的建議，媽媽決定讓我去臺北的陽光之家。

我是一直到住進陽光之家，才又與復健接軌的。首要目標，我得從連小嬰兒都會的**「正躺」**學起。

當我「躺」在床上時，復健師會毫不客氣的強壓我的身體。唯有使用如此激烈的做法，才能對抗因疤痕而蜷縮的上半身，幫助我真正的躺平。

燒燙傷的皮膚萎縮的速度，恐怕比泡一碗泡麵還快吧。我的雙腳殘肢被火燒得十分嚴重，當疤痕開始生長後，便緊緊地咬住我的膝關節，這使我的雙腳呈現向上彎曲狀態。

為了不讓這種狀況持續惡化，天天都要在雙腳膝蓋吊1.2公斤的沙包，透過向下拉的力量，讓緊縮的疤痕鬆懈，讓彎曲變形的雙腳，正常垂下。這大概算眾多復健中，最有「人性」的吧，並非不辛苦，只是這訓練能讓處於如火如荼復健中的我，暫時喘口氣。

復健過程的各種痛感，常讓我感到生不如死，皮肉彷彿都要分離，整個人也像是要被解體。但我知道，這黃金關鍵期若我舉白旗放棄了，我可能一輩子都要當那隻烤熟又彎著身軀的「蝦子」了。

我挺清楚復健的重要性的，但當下我還無暇去思考不復健的後果，因為有太多的困難（疼痛）要克服了，我等待復健的區塊太多，而且每一區都是工程浩大，一切都急不得，我只能慢慢的來。

燒傷皮膚的復健治療，至少得持續半年以上，畢竟疤痕的增長速度與伸縮狀況無法預測，一旦停止就是前功盡棄。就好比當時我沒留意到左手腋下的新生疤痕，完全忽略伸展運動，以致左手腋下皮膚緊縮嚴重，至今都無法再抬高了。

媽媽的陪伴，給我最大的安全感

除了身體「表面」的傷害需要復健，內在創傷也需要修復。還在住院時，會有心理諮商師定期來輔導我和媽媽。

我想，諮商師一定覺得我很難搞。因為不論諮商師怎麼問、怎麼說、怎麼絞盡腦汁，我肯定秉持最高品質——靜悄悄。狀況好一點的時候，大概就是「陪他」下下棋、玩玩動物模型的擺設而已。

我認為，這階段的「心理諮商」，對我的幫助並不大。

車禍之後，我幾乎完全封閉內心，除了家人外，並不想跟外人有多餘的交流。我似乎產生一種類似「被害妄想症」的心態，深怕一旦和人互動增加、敞開心房，接下來，不知又會發生什麼嚴重的後果。別說心理諮商師了，就連醫護人員、親友，甚至不認識我卻想給予慰問的人等，他們的熱情與關懷，看在我眼裡，完全不是那麼一回事。不論派誰來輔導來諮商，對我根本發揮不了作用。不過，這並不是代表我自己可以變得堅強、變得勇敢，或是調適得很好。

車禍發生後的一至三年，我幾乎每天都「奪命連環夢」，每晚都有不一樣的情節，被追殺、被槍殺、車禍、……，唯一逃不過的是悲慘的結局——死路一條。每次，當我從噩夢中驚醒、哭醒，媽媽都會趕緊跑到我床邊，緊摟我，告訴我：「不要害怕，媽媽在這裡」。

或許傷害真的太大，我整個人變得很「幼稚」。我像個孩子，喜歡玩玩具，唱兒歌，出現一些差不多是在幼稚園階段，才有的行為與舉止。例如，我無法獨處，一睡醒，睜開眼睛看不到媽媽，就會哭，心理就像小小孩找媽媽時的慌張與無助。

因此，當沒日沒夜照顧我的媽媽，好不容易等到我白天睡著，想出門辦點事情，還得留字條「交代行蹤」，把行程寫清楚，像是去哪裡，去多久，什麼時候會到家……。這樣，我醒來時才能安心。

我顯現出的行為模式，似乎正敘述我的心裡深處的聲音：**希望變成這樣的我，也能成為一個被人保護、被人疼愛的孩子。**而媽媽耐心地安慰與溫暖，確實就是我的最佳心理諮商。不但修補我心中的不完整，也讓原本凋零的「安全感」逐漸茂盛。

復健像跑馬拉松，附帶多重障礙挑戰賽

我的復健治療，前前後後大概持續一年，用「死去活來」來形容，絕對有過之而無不及。身體與心理的痛楚彷彿清晰可見，一轉眼，竟然已經有7年多了。

現在的我，心門不再緊閉，脖子、右手、雙腳（裝上義肢後）也可以靈活運動，還有我的好體力等，都得歸功於此階段。當然，很多「功能」無法恢復到和正常人一樣，但我已經很滿足了。

對我而言，復健像是一場馬拉松比賽。這場專為我規劃的馬拉松，不但路線崎嶇無比，還附帶多重障礙挑戰賽。

我不敢說，我始終抱持「堅持到底」的決心。畢竟，這一路上坎坷艱辛（傷口太多，痛到飆淚），挑戰關卡多到我數度喊停，想要放棄。

多虧一路上為我打氣的啦啦隊，持續給予鼓勵，給予信心，讓我咬緊牙根，往前踏步。如果不是親友、復健師、醫護人員等，為我「加油」，我恐怕還站在原地徘徊著。

我漸能體會，**機會是掌握在自己手裡的**。即使終點很遠，也得「堅持」下去，才有完賽的可能。因為不確定終點位置，而恐懼起跑，看似深思熟慮，不如說是缺乏勇氣。就算跑了半天發現根本沒有終點，那又如何，這一路上的收穫，絕對比踏上終點線更值得。

有人說，「人生像跑馬拉松，堅持到底的人，才是勝利者」。我倒覺得，「人生像是馬拉松的『接力賽』，一場完賽之後，下一場還請繼續努力」。前方等著接棒的跑者不是別人，而是透過一場場賽事，愈來愈好，愈來愈進步的自己。

「人種的是什麼，收的也是什麼。」想要摘取甜美的果實，就得在一次又一次的賽程中，讓自己漸漸地茁壯與成長。

「復健」這場馬拉松我跑完了，不過我可沒有停下腳步，我還在持續奔跑著，每場賽事的精采程度，將由我本人來譜寫。

Part 6

陽光之家，曾是我療傷止痛的家

透過陽光基金會的安排，
我住進新店的「陽光之家」，
而媽媽為了照顧我，也跟著住進來。
第一次推開陽光之家的門，
我心裡想的是：到底為什麼，
我必須跟這些恐怖的人住在一起啊？

耍賴不換藥，6個護士把我擺平了

位於新北市新店區的「陽光之家」，是燒燙傷傷友們「住」的地方。復健時，必須驅車前往位於臺北市南京東路的「陽光重建中心」進行。在那裡，有更適合每位傷友的復健設備，和專業治療師從旁協助。

住進陽光之家，除了沒有我熟悉的家人外，還要跟這麼多「恐怖的人」一起生活、一起復健、一起行動，就連回診都得一起去。不過，比起家裡，住在這裡，的確對我的生心理有更好的幫助。這裡有專業的醫療照護團隊，為我進行生理復健與心理重建，協助我更快適應、習慣傷後新生活，以達成返家的目標。

每天一早7點半，所有傷友（那時約有十五位）集合完畢，一票人就分別搭乘好幾輛小黃，出發去「陽光重建中心」。重建中心會依照不同的受傷狀況，做妥善的復健規劃，好讓受傷的後遺症降到最低，讓患部不會因新生疤痕，而在功能上受到侷限。以上，我都很清楚。

但是，我的燒傷範圍大，傷口太多，復健時的拉扯，常讓我痛到不行，忍不住放聲大哭。就這樣，一直持續到下午4點半左右。做完復健的一群人，又浩浩蕩蕩回「家」去。接下來，一個一個輪流換藥，而我不免又是一陣呼天搶地。換藥依舊是我最想逃跑的事。

出院後，還住在臺中的家時，換藥是媽媽的工作。就像唐三藏念咒語，緊箍圈就勒緊孫悟空的腦袋瓜一樣，每次只要聽到媽媽說「換藥」兩個字，我就恐慌得像聽到咒語的孫猴子，想著要「逃跑」。無奈的是，我想要跑，卻跑不了（唉，像極了被壓在五指山下的孫悟空）。

當咒語觸發情緒神經，我就會耍賴、鬧脾氣。媽媽於心不忍，總是答應我「隔天」再換。不過，常常一延再延，一個隔天拖過一個隔天，非得等到傷口發臭，我才心不甘情不願的乖乖就範。

雖然，住進陽光之家，媽媽依舊在我身邊，我繼續耍賴、鬧脾氣，在家應對媽媽的招式全用上了，直接擺明了就是不換藥。所有人都拿我沒辦法，卻又不忍心強迫我，於是，媽媽和陽光的護理人員商量，決定把我送到林口長庚醫院。

每個人都告訴我，「到了醫院，就可以打嗎啡，換藥就不會痛了」。我「歡天喜地」前往，以為又可以注射「解痛仙丹」。怎麼知道，我居然上當了，醫護人員根本不打算幫我打嗎啡。我哭鬧、掙扎，說什麼都不願意配合。最後，醫院出動六個護士壓著我，強制換藥。

隔天，我被帶到「水療室」，身上的繃帶紗布全被拆下。接著，一個護士抓著我的右手（怕我逃跑吧），另一個護士用一個水柱超強的蓮蓬頭，直接就往我的身上沖，要把傷口上的疤、死皮全沖掉。那真的不是一般人可以忍受的。我記得我一直吶喊、尖叫——「我不要換藥」，心裡更是不懂，為什麼我要在這裡任人宰割。

就這樣，持續十幾天的「非人」折磨後，我再度回到「陽光」。

體驗過「震撼教育」的我，明知道乖乖「按表操課」才是上上策，也知道想賴也賴不掉，卻依舊想盡辦法，能拖就拖。輪到我洗澡換藥，我就跟看護阿姨說：「我肚子痛，要大號！」

那時候，我沒有腳，要上廁所的話，都是直接在自己房間裡坐便盆。為了不讓人起疑，我除了表情要到位，動作要到位，還要使盡全身的力氣，擠出一點點大便來才行。

「才一顆，要大這麼久喔。」一看護阿姨大概早就猜到我的伎倆了，卻還是耐心地等我大完，再換藥。她很疼我，記得她當初為了學習照顧我、第一次看我換藥時，我哭，她也跟著哭。

說真的，大部分「要大號」的需求是假的，不想換藥才是真的。我根本一點便意都沒有，卻要咒詛自己肚子痛，為的就是逃避換藥，能延幾分鐘就延幾分鐘（幾秒鐘都好）。畢竟，換藥太痛苦了。

傷友間彼此關懷，讓我融入這個「家」

受傷後，我很容易就想東想西。想著過去的生活，想著這樣的我往後該何去何從。想著想著，悲觀的念頭，全都毫不客氣地湧上心頭。我的未來在我的眼裡，變得和身體一樣殘缺不堪。

我愈來愈適應這裡的生活。彼此關懷，讓我融入這個「家」。

每個週末，都是我最期待的。除了不用去復健中心「受苦」，只需要在宿舍裡復健即可，週末也是唱 KTV 的時刻。一拿起麥克風，病痛與煩惱似乎都通通閃邊去了。盡情地嘶吼與尖叫，釋放了我心中的消極。再煩再苦都先擱一旁，讓音樂消滅掉時不時出現的「最後一根稻草」。

另外，每週還有一次「雞湯進補日」。當時的我還沒裝義肢，到哪都得靠輪椅行動，動作比其他人都慢。但是，我根本不用擔心吃不到，因為體貼的傷友們，總是會替我留一份最好吃的雞腿肉。

想一想，因為受傷我才能認識這個大家庭，直到現在我都還懷念著在陽光之家的生活。住在這邊半年以來，很痛，很辛苦，很不輕鬆，但是傷友間互相鼓勵與扶持，就是我的強心針。在這個大家庭裡，我們同病相憐，惺惺相惜。

學習適應，並開始接受全新人生

我發現，住在「陽光」的我們都很脆弱，然而這樣的過程中，默默成為彼此的支柱。我們都在學習適應與接受傷痛所帶來的「全新人生」。

人生嘛，不就應該是持續地學習嗎？不管遇到了大事小事，就是要學習，如果因為今天的功課學不來，就了結了，放棄了。那麼人生，還剩下什麼意義呢。

過去，我誤以為學校等於學習，因故排斥學校，進而討厭學習。受傷後，歸零的人生讓我拋去以往的成見，對於學習更虛心，也更樂意。學習平躺、坐，學習抬頭、點頭……，都算簡單，我還得學著用正常態度，面對不是太正常的外表；學著用完整的心，修補殘缺的肢體與面貌。既然我的外表有別於他人，我必然得與眾不同地活著。

日本的乙武洋匡天生沒有手腳，卻從不認為自己「不幸」，硬要說的話，他只覺得有一點點「不方便」。因此，他熱愛體育，還曾經當過「體育記者」。澳洲的力克・胡哲（NickVujicic），也是天生沒有四肢，卻能夠打籃球、潛水、游泳、衝浪……，生命多彩多姿，還巡迴世界，分享他那「好得不像話」的人生。

二〇一五年5月，我有幸參加力克・胡哲（NickVujicic）在臺北南港展覽館的萬人演講大會。看到他，我好像看到自己，我們有一樣的精神——永不放棄。失敗，不能把我們打敗，即使只有千分之一的成功機率，也應該要一試再試。

在演講現場更能感受力克・胡哲（Nick Vujicic）的自信魅力。

與其哀怨不完美，不如承認並接受。我很欣賞力克・胡哲的自信，更希望能變得像他一樣。沒有手腳的他，說自己緊張到手心冒汗，說自己站太久、腳好痠好痛。他總能拿自己沒有的開玩笑，像他這樣的一個人，反而活得自由自在，不受限制。

Part 7

在關懷與鼓勵中打開心房

人在焦慮不安時，常把事情做負面解讀。
我們母女拒關懷於千里之外，
變得孤僻，變得封閉，連親戚也不接觸。
直到二人世界爆發危機，向外求援，
才發現，愛一直都在。
唯有打開心房，一切才會慢慢好轉。

媽媽回臺中養傷（身＋心），我們短暫分居

住在陽光之家的時候，每週都得固定回臺北長庚醫院複診，若排到開刀手術，還得風塵僕僕前往林口長庚。不論要到哪，媽媽會陪我一起去。她比我更用心聽醫生叮嚀，好從中學習更好的照顧守則。

自從受傷以來，不論上下床、上下馬桶、上下輪椅、上下車等，舉凡任何需要移動身體的情況，都得有人抱上抱下。說真的，如果少了旁人的協助，我根本算是「無法動彈」。這樣的「搬運粗活」，通常就落到媽媽的身上。本來就不是很強壯的媽媽，因為抱我而肩頸僵硬，腰痠背痛，鐵手鐵腳。長期累積下來，她下半身骨頭承受不了，連走路都會痛。

對媽媽而言，累的可不只是身體。這個意外，雖然讓我們母女經常黏一起，多了相處時間，卻因此增加不少磨擦與口角。媽媽為了我，改變很多。過去她個性衝動，容易不耐煩，照顧我時，卻能好言好語的哄。而我的壞脾氣卻沒被火燒掉，依舊拗得很，講不聽又念不得，內心深處仍然存在反骨的因子。

回想起來，蠻多爭吵都起因於我的任性。不過那時，我就是完全沒發覺自己有多麼不應該。有次，由媽媽開車載我去復健，出發前，我拖拖拉拉，不想去。到復健中心樓下，我一直抱怨，「為什麼我要復健，為什麼車禍的人是我」。媽媽只是稍微把音量提高，表達不悅而已，我竟烙狠話：「如果硬是要我上樓復健，我就要跳車」。

也由於我聽覺神經受損，有時相同的一句話，媽媽得耐心重複個兩次三次。可是，就算聽清楚了，我也常因為不想說話，不給回應。我想，換成別人早「抓狂」了，何況是長時間照顧我的媽媽。

媽媽說過，她在一個嚴謹的家庭環境下長大，一旦做錯事，挫折與自責就容易湧上心頭。當她把「車禍」這件事，視為自己的過失時，心理層面自然是備受煎熬。所以，即使從意外發生後，到我北上陽光之家這段時間，媽媽都持續在接受專業的心理諮商，然而，始終消除不了，她心中那塊龐大巨石。

媽媽在陽光之家陪我的四個月，可說是身心俱疲。於是，她決定請個看護，暫時代替她的角色，好搬回臺中的家休息一陣子。一方面休養身體，另一方面也整理心情。我難以接受這個提議，算是迫於無奈只好答應。總覺得媽媽好狠，「又」要離我而去了。內心深處，不免上演八點檔才有的情節：**我都這樣了，你還要走！**

還好，媽媽回臺中後，每天都會和我通兩次電話，一講就講很久很久。一有空檔，也會北上看我。可能是見面的時間變少了，我們都變得更加珍惜，也幾乎不吵架了。那陣子，我的生活幾乎都在陽光之家，除了照護工作從媽媽，變成看護阿姨外，沒什麼不一樣的。我很快就適應了這種模式。我以為媽媽也該如此。

直到後來，我才知道媽媽回臺中後，並不輕鬆。若說關羽是「身在曹營，心在漢」，媽媽大概就是「身在臺中，心在臺北」吧。只是當她愈這樣想，心情就愈是沉重，甚至產生「不能阻止意外、替女兒受苦就算了，居然連照顧都做不到」的念頭。

這種壓力與折磨，不是光靠定期諮商就能消除的。媽媽到處求神問卜，希望借助外在力量，讓自己看開一點，輕鬆一點。只是，幫助非常有限，她還是處於極度不安的狀態。媽媽說，有次她用阿姨教的方法，在家念經，想藉此讓心情平靜下來，結果卻愈念愈不安，愈念愈慌亂，錯綜複雜的情緒依舊揮之不去，後來，又出門拜拜去了……

媽媽把類似這樣的「惡性循環」，告訴諮商師。最後，透過心理諮商師的建議，她上網找到附近教會——臺中靈糧堂。

未來真有盼望?!不，負面思惟讓我們漸漸防備

「我們的未來有盼望了。」我依稀記得，媽媽是這樣告訴我的。不管是見了面，或者在電話裡，媽媽總是喜孜孜地跟我分享。說教會有一種說不出來的溫暖，有一種充滿愛的感覺，說一聽到詩歌眼淚就流不停，而且莫名得到安慰。

老實說，對於媽媽的一切說法，那時候的我根本無感，對於「盼望」這兩個字，更是產生一堆問號。我的想法是，「妳喜歡就好了」，畢竟，從媽媽的說話口氣，我能感覺她的心境不同以往。或許媽媽口中的「神」，與那份憐憫饒恕的愛，真能成為她的心靈倚靠，幫助她從懷抱內疚與懊悔的枷鎖中被釋放吧。

不久後，看護阿姨因為家人生病，臨時要回家鄉（中國），媽媽重新幫我找了幾位看護，我都不太適應。趁著這個機會，我要求回到臺中的家，由媽媽來照顧我。因此，我就從「陽光」畢業了。

有次，媽媽約我一起上教會。我心想，反正沒去過，也挺好奇這個地方長什麼樣子，就答應了。我發現在教會，至少不像去廟宇被香煙狂薰。小時候，媽媽常常帶我去拜拜，我每次都被薰到不能呼吸、睜不開眼。所以，對教會自然留下不錯的印象。

第一次參與教友聚會時，我身上有很多還沒癒合的傷口，還一直流著口水，那時的我，左手腋下總夾著一包抽取式衛生紙，以備不時之需。

可能是我「特殊」的外表，很多叔叔阿姨圍到我身邊，說我很棒，很勇敢，很不簡單，說我**「會成為別人的祝福」**，說我的生命**「將成為別人的幫助」**。這些我都聽不懂，也無法體會。

「妳可以為神傳福音。」幾次聚會後，有個教友這樣對我說。這場車禍沒帶走我的生命，卻燒掉我的自信。自卑讓我貶低存在感，也讓我質疑活下來的價值。聽到此，我只能苦笑回應，但心中的OS是：

> 我身上包著繃帶、滿是傷口，沒有雙腳，沒有左手，沒有完整的容顏，還一直流口水，怎麼叫我去傳福音啊，真是莫名其妙！

我能明顯感受到教友的鼓勵與支持，但是，這些並沒有讓我更喜歡去教會，甚至，還變得有點排斥，我排斥的不是神，而是人。太多的人（教友），讓我感到相當不自在。好幾次，我都用心情不好當作藉口，臨時要看護（那時，媽媽有請一個外勞，協助她照顧我）陪我出去逛逛，這一逛常常就逛到中午，為的就是逃避頻繁的聚會與人群。

反倒是媽媽，好像真能從參與聚會中，看見盼望，獲得長久以來，嚴重不足的「安全感」。她很快就信了主，也受洗了。而我則拖了半年，在不太排斥，卻也不太了解的情況下，受洗了。

可是，我跟媽媽都很矛盾。我的傷是車禍當下，朋友擔心酒駕觸法逃走，延誤我送醫時間；媽媽則是在夜店的工作環境，經歷過同事間的勾心鬥角。在我們的內心深處，對「人」是防備多過於信任的。

在這樣的情況下，面對一個全新的信仰與環境，疑惑逐漸浮現：教友也是人，他們給予我們的幫助與支持，是出於真心的嗎？

也許，人處於焦慮不安的狀態下，往往習慣把任何的事情，做負面解讀吧。起初，我們只在心中掙扎，後來愈想愈嚴重。最後，壓根覺得「這一切都是假情假意」，因此，我們愈來愈少參與教會活動，接受關懷的那扇門，再度被關上。

與外界隔離，活在只有彼此的世界

這一段時間，我們變得孤僻，別說是外人了，就連親戚朋友也不大接觸。我們變得封閉，幾乎可以算是「與世隔絕」，就生活在兩人（與一個外勞）加一堆狗的世界。

我從小就很喜歡動物，也一直想要養寵物，只是過去千拜託萬拜託，媽媽都不肯答應。是受傷後某個生日，哥哥送我一隻兔子當禮物，而媽媽因為愛我，想著讓我開心，選擇打破堅持，才同意讓我養。後來，媽媽聽說動物能療癒心情，為了協助我走出傷痛，不僅答應讓我養狗，還想陪著我一起，圓「開寵物店」的夢想。

就是秉持著「開寵物店」的目標，我們陸陸續續買了10隻狗，加上這些狗後來生的狗孩子，盛況時，家裡就有20隻這麼多。媽媽很細心，把狗照料得很好，我們家的狗狗身上，連寄生蟲都沒有，更別說跳蚤了。就這樣，眼看夢想就要實現了。

直到媽媽去上了寵物美容的課，才知道並不是每家的狗狗，都可以像家裡的一樣乾乾淨淨。其他學員家的狗狗身上，有蟲有跳蚤很正常。一旦開店之後，客人送來美容的寵物，想必也是如此。媽媽超級怕蟲，這是她難以克服的。「寵物店」夢，在媽媽的抱歉聲中——破滅。

與外界斷開關係的「鎖國政策」，大概持續了一年多。一直到看清「開寵物店」這件事，是一個完全不能實現的白日夢後，我們才發現生活中的每一筆開銷，都變得這麼沉重。

有天，媽媽告訴我，家裡的積蓄所剩無幾，為了錢，她必須再度回到夜店工作，不然，別說外勞請不起，可能連三餐吃飽都成問題了。

一聽到媽媽要回去以熬夜、喝酒等虐待健康的方式，來換取薪水的夜生活時，我當然反對到底。可是反對之餘，只剩無奈。我多希望自己沒有發生車禍，也許我們就不用為了現實而苦惱了。

「妳要相信媽媽是不怕辛苦的，我會像以前一樣，把家撐起來。妳只要好好養傷，一切都不需要煩惱。」我還記得，媽媽的保證。

為了改善棘手的經濟問題，媽媽把部分保險解約，花幾十萬治裝，以這種破釜沉舟的決心，重返夜店工作。可是，不知道為什麼，以前媽媽整月沒休假的話，一個月領個十幾萬沒問題，這次上班二個月下來，領到的薪水卻只有一、二萬而已。

不如預期的結果，讓我們再次陷入困境。原以為循著過往模式，很容易就能解決錢的問題。沒想到，結果卻讓人意外。本來信心滿滿的媽媽，突然像洩了氣的皮球一樣。壓力，變得更沉重了。

意外的結果，造就意外的收穫

走投無路的情況下，我們想到了——洪真哲牧師。媽媽在電話中，對牧師傾訴所有的煩惱與疑惑，包括「未來的我們，該如何走下去」。

「只有倚靠上帝，才能度過難關。」牧師為毫無頭緒的媽媽禱告，希望能給予她安慰與力量。還教了媽媽一個方法：把困難一條一條地寫下來，然後，向上帝禱告。

當時，對於這個「超簡單」的建議，我們半信半疑。由於已經跟教會脫節很長一段時間，牧師所言「只有上帝可以幫助你」，根本就是天方夜譚。我們需要的是錢，這個方法根本沒有對症下藥嘛。

不過，別無他法，就死馬當作活馬醫吧。照牧師教的，我和媽媽一起禱告。不知為何，這簡單到不行的做法，真讓我們獲得平靜。

隔天，媽媽去了久違的教會，繼續用禱告的方式尋求幫助。因為禱告，家中的人事物有了變化。為了減輕經濟負擔，媽媽先把外勞看護解約，她相信神的幫助，能讓她獨自擔起照顧我的責任。也把「回到過往職場，卻失利收場」視為提醒，提醒她別再重蹈覆轍。於是，媽媽決定和過去完美切割，連薪水都不去領了。

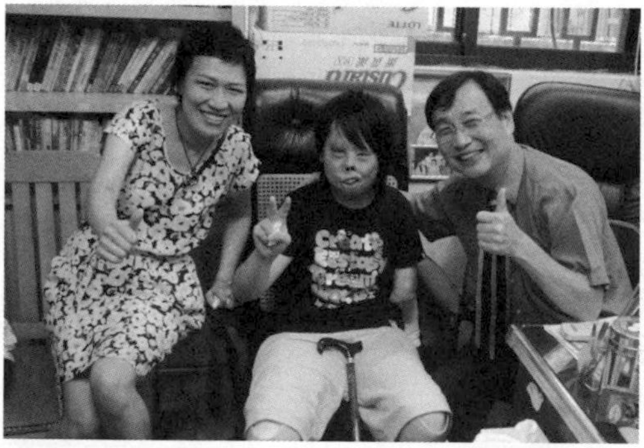

臺中靈糧堂的洪真哲牧師，是帶領我和媽媽，認識神的推手。若是沒有洪牧師，也許我們母女仍陷於傷痛之中，難以走出來。

逐漸好轉的結果，使我想起，剛到教會時，上帝就曾幫助過我。

我左手殘肢上的傷口，是全身上下最晚癒合的一處。每次換藥，我都會堅持自己來。唯有如此，才能控制力道，讓疼痛降到最低（雖然仍是感覺到肉如刀割）。每當看見傷口愈來愈小，我就會非常期待「下次就會完全癒合了吧」。不過，三年過去，期待總是落空。有時候，傷口還會變得比前一天還大。

失望之際，教會裡的阿姨送我一本《讚美手冊》，她鼓勵我在疼痛中仍學習讚美上帝。之後的換藥，我刻意把精神專注於書上，讚美神並大聲用信心宣告。就是這麼簡單的方法，我卻能明顯獲得勇氣。

也許是轉移注意力，我不再因害怕疼痛而過度小心，換藥過程順利許多。一個星期過去，期望不再落空——左手傷口完全癒合。我興奮地大喊媽媽，要她快點來看看我「消失的傷口」。這是我第一次感受到上帝的存在。我深信，是上帝諦聽我的讚美，給予我的憐憫與醫治。

我和媽媽重新回到教會，也重新認識上帝。我們逐漸打開心房。也許是房門開了，身邊的人給予的關懷和鼓勵，不再被扭曲和懷疑。我們正在練習告別陰影，讓生活能夠真正地重新開始。

的確，我們經濟依舊困難，但卻能不再凡事悲觀，也相信每件事都是有盼望的。過程中，上帝在很多事情上，助我們一臂之力。

留下的無敵（黑狗）與 David（白狗）陪著我療傷，一直到現在。還有，後來加入的新成員喵喵（那隻胖貓咪）。

像是過去就曾被鄰居檢舉我家「狗群」太吵，嚴重影響社區安寧。當媽媽把事情跟教友分享後，有幾個姊妹二話不說答應領養，還包了紅包致謝。陸陸續續地，十幾隻狗都送出去（最後只留下二隻）。

當然，和狗狗們相處久了，心中不捨可想而知。但比起維持現況被嫌東嫌西，新主人與新環境都對狗狗們都更好。就這樣，狗的問題解決了，經濟問題也因為幾個紅包，獲得了改善。或許這就是所謂的，「上帝關了一扇門，就會開啟一扇窗」的道理吧！

打開心房，相信一切會慢慢變好

我們讀聖經、看 GOOD TV 頻道，藉由解經節目，解除我們對經文的疑惑，也更了解上帝的心意。從中，我們學會道歉與饒恕的功課。學著向彼此告白，勇敢說出自己的錯誤，向對方道歉，並請求原諒。

人有情緒有爭吵是難免，更何況長時間都形影不離的我和媽媽。本來一意見不合，就口角嘔氣的我們，學著在爭吵過程中，不惡言相向，也

不像以前那樣，急著反駁對方。必要時，我們選擇暫時離開對方視線範圍，冷靜一下，這讓我們都能去思考：吵架為了什麼，目的又是什麼。一但這樣做，偶一為之的爭吵，並不會讓我們之間的情感打折扣，反而因此更了解對方，也更知道對方所在意的。

此外，對外關係也逐漸修復。包括媽媽和我的爸爸。過去，他們兩個人算是不歡而散的。沒想到，因為媽媽開口道歉，他們釋放仇恨，從反目到如朋友般的關係。媽媽說，從道歉中，她得到釋放，因為得到釋放，她愈能感受到上帝的寬恕。甚至，她發現，原來自己也能給人愛。

而我，因為信仰改變可多了。例如，學會「說謝謝」。聽起來很荒謬吧，對很多人而言，這不是很簡單的事嗎。對我而言，超難。

車禍前，也許「還小不懂事」，我說話常帶髒字。車禍後，脾氣變得更暴躁，講起話來依舊難聽（媽媽的感受比誰都深刻），我覺得要誰幹麻就幹麻，理所當然，不懂感謝。現在的我，不再覺得自己是老大，而是習慣把請和謝謝掛在嘴邊，對每個人謙遜，對每件事心存感激。

「請求別人的幫助，是更高明的付出。」這是我不曾有的體會。以前，我覺得「請人幫忙」是件很丟臉的事，因為我自認並沒有可憐到需要他人伸出援手。但當我懂得表達感謝、謙遜為懷時，反而不怕尋求幫助了。我知道，每一個幫助，都是愛的表現。當我獲得幫助時，幫助我的人也能同享那份喜悅。

「我們的未來有盼望了。」我開始能理解，不久前，還讓我一頭霧水的話了。我猜，那是一種在海上，抓到救生圈的感覺吧。

不論何神何派，誰都可能面臨大海，誰都可能需要救援。在我看來，救生圈就像人在汪洋中，載浮載沉的一絲希望，即使眼前的大海仍可怕到隨時會將我們吞噬，但是，正因為我們抓住了這一絲希望，就能相信：**一切都會慢慢變好**。

「在艱困的時光中，依然能夠前進，關鍵就在於，你不是以能看見的，而是以能想像的事物，來引導你的人生。這就叫作信心。」這個信念支持我，讓我不畏艱難向前邁進，勇敢去實踐任何事。

當封閉的心扉不再緊閉，
我感受到來自四面八方的愛。
然後，我也開始發現，這樣的我，
也能把愛傳出去！

天生不服輸的個性使然，
我急著想找到「我不是乞丐命」的證據。
我絞盡腦汁——
一隻手的我，可以做什麼。
「拼豆」點燃我的鬥志，讓我不與殘缺外表妥協，
並持續地「拚鬥」，拚（拼）出彩色的未來。

Part 8

靠拼豆拼出成就的獨臂女孩

一千元獎金萌生自信，一隻手的我也能賺錢

還住在陽光之家時，我常耐不住無聊，吵著要看護阿姨帶我出去逛逛。有一次，晃啊晃就晃到家樂福，正好有「樹脂土」勞作現場教學活動，老師很有耐心地教我，沒有因為我只有一隻手而放棄。從那時起，我就愛上樹脂土，還買了樹脂土材料包。我利用幾天的自由活動時間，做了一個公仔送媽媽。媽媽收到時，直誇我好棒。就這樣，我玩上癮了，回到臺中的家，還是戒不掉。

那時，除了媽媽是我的頭號支持者，幫我訂了各色樹脂土外，小阿姨也表達支持。從小到大，我特別喜歡小阿姨。以前，當媽媽出門上夜班，在家面對一片黑暗、擔心媽媽安危的我（有時徹夜不睡，為的是等媽媽平安到家），認為這樣的恐懼，媽媽永遠不會懂。這時，我會想起小阿姨，只要和她通過電話，我就能睡得比較安心。

因此，小阿姨給我的肯定，也是我勇敢往前的動力之一。我幾乎天天都在研究：顏色怎麼混才好看，樣子怎麼捏才有型……。

小阿姨的支持，絕對是我有信心往前衝的關鍵之一（我們穿著一樣的衣服，衣服上的圖案，是我自己設計的喔）。

受傷後，陽光基金會的社工——禎穗與昭慧，定期會做家訪。有次，她們看見我的樹脂土作品，說我做得很好很漂亮，建議我參加比賽。這樣一來，不但好的作品被人看見，也讓大家知道我不放棄的精神。於是，她們幫我把作品寄到臺北去參賽。出乎意料的是，我用一隻手捏出來的作品，居然被選入了展覽名單，還放在臺北展覽1個月。另外，我得到了1千元的獎金！

這1千元對我的激勵，遠遠超過它真正的價值。就因為這1千元，我開始告訴自己：雖然我只剩一隻手，但是我可以靠這一隻手賺錢。我不用賺很多很多的錢，但至少能靠自己生活。

有人說，我很有美術天分，老實說，我根本是美術白癡。不過，還在學校時，真的也只有美術課能讓我暫時不「造反」。

不知道為什麼，我雖然不擅長畫畫（畫什麼連自己都看不出來），但我挺喜歡畫畫的。我課本裡筆記的重點很少，倒是塗鴉占了大部分。畫畫似乎是唯一能讓我專心、安靜下來的方式。

會接觸樹脂土，一來是因為好奇，一來也是為了排解無聊。而我只猜對了一半，捏做樹脂土不只很花時間，也很花力氣。為了調出新的顏色，我必須混合不同顏色的樹脂土，用力揉捏，新顏色才能均勻呈現。那陣子，我常把僅剩的右手操到發抖。

我用僅存右手捏出的樹脂土作品。看起來再簡單不過的東西，對一隻手的我而言，超不容易。

好不容易捏好的樹脂土，需等個一星期（以上）才會完全乾燥，這樣一來，作品才算完成。樹脂土製作過程既耗時又費力，用這個方式來賺錢，投資報酬率似乎太低了一點。更何況，比賽也不是常常有啊。

還好，這個殘忍事實沒有擊敗我，為了減輕媽媽肩上壓力，多少分擔生活開銷，我絞盡腦汁：**有什麼是一隻手的我，可以做的呢？**

拼豆大小事，我都「一手」包辦

我想到曾有個要好學妹，送我的拼豆作品。也許，我可以試著做看看。於是，我上網找資料，用小阿姨資助的五百元，訂購拼豆材料包。接著，就是沒日沒夜的研究與製作。

不過，「拼豆」可不像我想的那麼簡單。我本來以為依照圖案，把塑膠豆子排在模型版上，燙壓塑型後，成品就完成了。步驟我是沒想錯，但過程中的狀況，我卻簡化太多。尤其連訂材料、設計圖案、鑽孔、包裝、定價、整理訂單等，都要「一手」包辦時，感受更加深刻。

首先，拼豆是用塑膠材料加熱塑型，保險起見，我上網找資料，比較也比價，終於找到供應無毒豆子的廠商。等材料到貨，開工之後，突發狀況才一一浮出「桌」面。

拼豆作品通常不大，豆子當然小不拉機。雖然，上帝讓我保有1.0的視力，但製作時，得長時間盯著這些色彩鮮豔、不到0.5mm的豆子，還得用鑷子把它們夾到模型版，放到適當位置，實在很吃力。一開始我的右手還不太會用鑷子，就像用鐵筷夾滷花生到碗裡那樣，夾一顆掉好幾次。光拼一個簡單的圖案，就要耗費1、2個小時以上。

然後，最讓我頭痛的是final的「燙壓」工作，此步驟一失敗，也就是「前功盡棄」。我只有右手，少了左手支撐，施力起來容易不平均，有時圖案的左邊扁到不行，右邊居然還保持原貌。力道沒抓好的下場，就是delete，重新來過。再複雜再用心再可愛的圖案，都只能往垃圾桶裡丟。即使，我很盡力想避免這種情況，無奈前期的製作過程中，仍有不少半成品在垃圾桶裡哭泣。

看到費盡心力、眼力、體力拼好的作品，毀在最後一刻，當然很不甘心，但是很奇怪，我一點都不想放棄，也許是我已經把「拼豆」視為我的事業，也許是我已經習慣「拚鬥」的生活了。

有人說，我是一個「很獅子座」的人——堅持（其實是頑固）、不妥協（其實是不服輸）。過去，這些特質讓我人生扣分，差點把我害死。後來，我把這樣的特質轉變成工作態度，我要把被扣的分數加回來。**我不和失敗妥協，繼續堅持。我要讓我的人生，變成「加分人生」**。

一段時間之後，丟垃圾桶的情形愈來愈少，我的拼豆成品愈累積愈多。還請媽媽幫我買一個擺攤用的皮箱，每天都在試：怎麼擺才好看，怎麼擺才吸引人。沉浸在幻想之中，以為自己已經當起老闆了。

又一次陽光基金會社工定期家訪，禎穗與昭慧看見我堆得像座小山的拼豆成品，跟我說「有個年貨大街在招商，妳也許可以去擺攤看看喔」。聽到這個建議，我興奮莫名，簡直是天上掉下來的喜悅。我不只能賺錢，還有機會「當老闆」！

復原路上，碰到很多人鼓勵我、支持我，相對地也遇到不少人瞧不起我、嘲笑我，甚至斷言我的未來，只有當乞丐的命。也許是天生不服輸的個性使然，我急著想要證明我絕對不是乞丐命。

我一定要去擺攤，我當然要去擺攤。這是證明自己的好機會。就這樣，我「爽快」答應這個邀約，完全忘記我對人群的恐懼。

我像水族箱裡的魚，隔著玻璃看世界

車禍後，我最恐懼害怕的兩件事，一是換藥，一是接觸人群！

害怕「換藥」，是無法忍受身體上的痛；害怕「接觸人群」，則是無法承受心理上的痛。旁人的異樣眼光與指指點點，恐怕都會讓我脆弱的心靈，遭受二度傷害。因此，一到公共場所，我的頭就會低到不能再低，多希望有件隱形斗篷，避開大家的「注目禮」。

受傷後一年，我吵著要回國中參加畢業典禮，我認為，這是我人生中最重要的典禮。那時，我還住在陽光之家，看護帶著我搭早上7點多的高鐵回臺中。而媽媽就在高鐵站等著，載我們直奔學校。

其實，早早就到了學校，只是我遲遲沒有下車。車裡三個人，一句話都沒有。我默默看著窗外，愈看愈模糊，眼前一切離我好遠好遠，遠到我幾乎都快看不到了。直到典禮結束，同學步出禮堂合影。我提出我的疑惑：「為什麼我不是他們其中之一」。我應該是他們之中的一員，應該跟他們一樣快快樂樂的畢業，而不是像個外人，看著這一切。

我不想下車，只好拜託媽媽幫我送花給一位當時很要好的同學——維尼，她在我住院時，幾乎每週都騎40分鐘的腳踏車，到醫院看我陪我。看到花，大家就知道我來了，通通圍到車子附近。我強忍難過，下車敘舊合照，有人看到我的「真面目」，忍不住哭了起來。

早知道，我就不堅持參加了，徒增感傷而已。那天之後，我似乎不得不正式告別那段轟轟烈烈的日子。

「參加」畢業典禮後，我常要媽媽載我兜風，但我吹不到風，因為我都躲在車裡。可能是小時候，常跟爸爸去釣魚釣蝦的緣故，我特別喜歡去水族館，看著水族箱砌成的牆，和裡頭游來游去的魚蝦。

或許只有魚蝦才能了解我的心情吧。因為我們都隔著玻璃看世界。曾經，我是這樣想的。這道玻璃就是一個保護罩，雖然它侷限了我們的世界，但是一旦少了它，我們的生命可能就會受到威脅。

受傷之後，我曾因失去朋友而落寞。一直到我發現，身邊一直都在的，永遠是我的家人。

擺攤賣拼豆，賺到第一桶金

第一次的擺攤，是陽光基金會為我爭取來的。擺攤的地點在臺中的天津路年貨大街。可想而知，人肯定多到爆！

離拼豆擺攤的日子愈來愈近，對於即將破窗而出，我相當緊張，也不知道到時候生意好不好。我開玩笑地（心裡其實比誰都認真）跟媽媽說：路人會不會一看到我，就嚇到跑光光啊？

出乎我的意料，大家並沒有被我特殊的外表嚇跑，我的攤子前聚集了好多客人，當他們知道桌上的鑰匙圈、名片座、筆筒……，不管平面的、立體的創作，都是我靠著一隻手拼出來的時，驚呼連連。

他們說我好勇敢，沒有放棄人生；也說我好堅強，認真活下去。大家一邊挑選著眼前的商品，一邊稱讚我的拼豆品質與創意，說我的作品呈現無窮的生命力。好多好多的人為我加油打氣！

當時，我處於一種極度矛盾狀態，既想快點結束如此「拋頭露面」的狀態，又想讓更多的人看到我的作品，買我的商品。所以，我連頭都不敢抬不起來，因為，我不喜歡被人盯著看。多虧媽媽當我的代言人，一直替我回答問題、介紹商品。

可是，我的心情是很激動的，尤其聽到人家讚美我的作品時，一字一句，我都牢牢記在心裡。我開始相信，不需要乞求別人，我仍能靠自己建立生存的價值。**我，是有用的！**

從下午4點，我一路擺到晚上10點，既漫長又短暫的5小時過去，我的營業額是二千多元。不管賺了多少，看在我眼裡，都像幾百萬。因為，這可是我用來反駁**「我不用當乞丐」**的鐵證。

第一次擺攤當新手老闆，我嘴裡塞著衛生紙、帶著護頸，好險客人並沒有被我嚇跑。那時，我很不喜歡照相，非照不可的話，就用完整的右臉和右手示人。

我不知道我有沒有生意頭腦，我只秉持一貫的工作態度。同時，我也知道，做生意要講究信用，絕不能偷工減料。很多買過我商品的人都知道，「小N出產，品質保證」。可能就是靠這樣的口碑行銷，陸續有多家媒體報導我的故事，也讓我增加不少擺攤機會。

愈來愈多人用購買來肯定我支持我，這讓我在「開攤」一、二年之後，靠自己的努力，及客人的認同，存到人生中的第一桶金（義肢的費用五十萬，也是我靠自己賺來的），這是我從來沒想過的。僅剩一隻手的我，從賺一千元，向上成長一千倍，賺到一百萬！

我要的不是同情，我要的是欣賞

每當賣出一個商品，我心裡不免會疑惑，客人會掏錢購買，到底是因為我的手藝，還是因為我的外表。

二〇一三年4月，嘉義協同中學的楊靜嫻老師，因為學校舉辦「復活節週」活動，邀請我到學校擺攤。

剛接到這個消息時，我跟媽媽都挺猶豫的，因為只能擺45分鐘（1節課），卻得南下嘉義。如果仔細算一算，真的超級不划算。

好險，我們暫把划不划算置之度外，畢竟機會難得，這是我第一次進學校擺攤呢。就定位後，有2個扮成小天使的學生，幫忙宣傳，也當起小助手。若沒有他們幫忙，我跟媽媽肯定手忙腳亂，因為生意「好到爆」，我的拼豆成了暢銷商品，不只學生，連老師也搶購。

本來以為擺個45分鐘，就得收攤走人。後來楊老師禁不起同學苦苦哀求，把結束時間往後延，一延就延了兩節課。最後還是因為放學鐘聲響起，才不得不「打烊」。也許反映太熱烈，兩天之後，我又再度被邀請去擺攤（這次，我可就一點都沒猶豫了）。

我永遠忘不了，開賣前，楊老師告訴同學：「買雅菁的東西，不要因為同情她，而是要發自內心去喜歡商品，去欣賞她的手藝。如此一來，當看見雅菁的作品時，就會想起她的認真與不放棄。」

聽到楊老師這樣說，我好開心。這就是我心裡想的，我不需要被同情，因為我的遭遇不一定人人都懂，假裝理解，只會讓我更自卑。我想獲得欣賞的眼光，這是一種激勵，激勵我變得更好。

第三次和楊老師見面，是她直接來臺中，約我和媽媽一起聚餐。那次開始，我和楊老師變熟，我們變得像好朋友，什麼都可以聊，而且是雙向的溝通。以前，只有老師罵我，我討厭（嗆）老師，這種單向溝通模式，現在，我竟能把「老師」當好朋友。真不可思議！

楊靜嫻老師（右一）是我生命中的貴人，也是我很欣賞的老師（我們常常一起吃飯，一起出門）。

「拼豆」和「拚鬥」，與我的生命環環相扣

我常跟媽媽說，上帝對我真好，讓我遇到這麼多欣賞我拼豆的人。曾有客人對我說：「拼豆鑰匙圈很常見，但妳的就是不一樣」。種種因素加起來，我的商品回購率很高，過了一、兩年，顧客還會記得我。這讓我愈來愈肯定「與眾不同」的自己。

「拼豆」讓我能和不一樣的生命「拚鬥」。這兩件事，和我的生命環環相扣。比起正常人，只剩一隻手的我，在生活上或工作上的困難程度更大更多。所以，我得用加倍力氣，拼（拚）出彩色的未來。

拼豆，可以說是我生命中的第二個奇蹟。

第一個奇蹟，讓我逃過死亡的邊緣。我曾經很埋怨「活下來」這件事，因為，我根本不知道「怎樣活下去」。我本來就只是一個愛玩、不讀書、不聽話的小屁孩。受傷之後，什麼都不會之虞，還失去了正常的容顏與肢體。對我而言，這個奇蹟根本就毫無意義。不一樣的外表，讓我對未來心生恐懼。

現在，我用鑷子夾豆子不抖了（圖左）。Final 的燙壓工作前，我會確認是不是「一個豆子一個坑」（圖中），接下來，就要全神貫注開始燙壓了（圖右）。

工作時，媽媽會從旁協助我，也會欣賞我的作品，提出建議。

我的拼豆作品不只有平面的，還有立體的喔。每次聽到客人稱讚我「創意滿分」的時後，我就覺得好得意！

後來，我才明白。第一個奇蹟是上帝給的，祂恐怕是要我聽聽自己的聲音，正視自己的心情。然後，再引導我用獨有的「獅子座」特質，去創造第二個奇蹟。

過去的我，把頑固、不妥協用在反骨、叛逆、追求轟轟烈烈……，導致我與老師、媽媽衝突不斷，還發展出許多荒唐行為。而今，我才知道頑固可以是堅持，不妥協可以是不服輸。把它們應用在工作上，在對抗殘缺的生命上，不是更有意義嗎？

不要怕，跌倒又怎樣。**不輕易妥協，勇敢站起來，就能走下去**。不一樣的我，總有不一樣的方式，總能走出一條不一樣的路。

Part 9

換三肢殘缺的我，來照顧罹癌的媽媽

當我的脫軌人生看似重返正軌之際，
竟又來個措手不及的大考驗，
媽媽被確診為癌症末期，生命剩2年。
我差點被打敗，還好沒有。
我把握這個帶來改變的機會，
不但自己照顧自己，還能照顧媽媽。

趁媽媽頭髮掉光前，我也理了大光頭

二〇一〇年4月，在我對殘缺外貌稍稍開始適應、開始接受之際，上帝又給了我另一個幾乎難以招架的考驗。

某次聊天時，媽媽無意間摸到右胸側面有個硬塊，雖然當時我們母女都很「樂天」，抱持樂觀態度，還是決定就醫確認，比較安心。透過教會姊妹介紹，媽媽到衛生福利部臺中醫院就診。第一次看診後，醫生替媽媽安排穿刺檢查。一星期後報告出爐，顯示腫瘤為「良性」。

不過，醫生建議媽媽，雖然報告說是良性，但仍是腫瘤，而且腫瘤外觀呈不規格狀，開刀拿掉比較保險。為此，還暫緩我尚未完成的重建下巴手術計畫，想說等媽媽開完刀，休養好後再換我。沒想到，這刀開下去，會是這麼晴天霹靂的消息。

媽媽右胸腫瘤超過2公分，化驗後，被確診為惡性腫瘤。同時，4顆淋巴受到感染，還有轉移骨頭。醫師說，是癌症第四期，也就是末期。

他還說，依過往經驗判斷，這種情形大概剩下兩年的生命。醫生的「判決」，讓我從充滿希望的軌道上脫軌，陷入恐懼中。我害怕再一次失去媽媽，而且這一次的失去，就是永遠的失去。

如果沒有媽媽的堅持搶救，我不可能活下來。如果沒有媽媽的照顧與包容，我早就放棄活下去。如果沒有媽媽的協助與支持，我怎能創業成功。如果沒有媽媽，我不敢想像未來日子該怎麼過。媽媽的陪伴是那麼重要。我一直很天真，以為媽媽會永遠陪著我，從沒有想過，她可能因為長期的壓力累積，健康亮起紅燈。

我感到好自責。早知道我就不要這麼愛玩，早知道那天就老實地待在家，早知道我應該要聽媽媽的話……，只是，再多再多的早知道，都喚不回媽媽的健康。

我曉得，媽媽也害怕。她怕失去生命，更擔心我沒有她，該怎麼生活下去。媽媽做了最壞的打算，甚至，把哥哥找來交代後事。

媽媽罹癌的消息，
讓我產生好多悔不當初的「如果」。
如果，這是個假消息，該有多好……

我想起，以前那個我崇拜的媽媽。小時候，我最崇拜兩個人，一個是被我當成偶像的哥哥，一個就是媽媽。

我喜歡跟媽媽一起出門，聽到有人稱讚她時，我會覺得很得意。那時，媽媽把長長的捲髮染成金色，開跑車，聽搖滾。到學校接我時，同學看到都會說，「莊雅菁的媽媽好 fashion 哦」。

可不是嘛，我也「女憑母貴」啊。只是，當媽媽把車子換成普通轎車，來學校等我時，我竟然因為媽媽變得不 fashion，而故意躲起來。唉，後來回想起來，才驚覺自己真的是蠢到不行。

切除胸部腫瘤後，媽媽隨即又開刀摘除受感染的淋巴，接著就是進行化療。一直以來，媽媽最在意的就是寶貝秀髮了。可是，幾次化療下來，她的頭髮一小撮一小撮地慢慢掉。我已經不再是那個不成熟的小屁孩，我告訴媽媽：「就算妳沒有頭髮，妳仍然是最漂亮，最 fashion，我最愛最喜歡的媽媽了。」

我看得出來，媽媽的療程很辛苦。我無法幫忙分擔病痛，但是我可以陪她。與其和她一起哭一起怕，不如跟她一起堅強一起樂觀。趁媽媽頭髮掉光前，我還義氣相挺，剃了一個大光頭。在路上，一個光頭也許很突兀，但是兩個光頭同時出現，要說成時尚也不為過吧！

我得先會照顧自己，才能減輕媽媽負擔

醫生叮囑，正接受化療的媽媽，不能搬重物（說的不正是我嗎）。可是，三肢殘缺的我，要靠自己力量移動，難度很高。

有次，媽媽要帶我回臺北長庚復診，我們一如往常，開車到高鐵臺中站。一下車，眼看高鐵發車時間在即，媽媽就推著坐輪椅的我狂奔。

高鐵站外人多車多，路面上有不少凸起的反光標記和緩衝顛坡。我看著眼前這些障礙物，心想著：別撞上啊，千萬不要撞上啊。只能說「莫非定律」的影響無遠弗屆，愈是擔心，愈是會發生。就這樣輪椅翻了，我滾（飛）出去了。

化療中的媽媽沒有力氣，排班的計程車司機見狀，趕緊把我抱到路邊。我的膝蓋因為撞到柏油路而流血，傷口好痛。我們母女倆就坐在路邊，抱頭痛哭。流的是無助的眼淚。

那次起，我一直在思考，如何幫媽媽把負擔降低，不論是身上的，或是心理的。最簡單的方法，就是我得學著照顧自己。尤其，看到因化療而虛弱不已的媽媽時，就更加深我的鬥志。只有學會照顧自己，媽媽的負擔才能夠真正的減少。如此一來，她才可以安心地接受治療，也才能獲得充足的休養期。

我決定把這個考驗視為機會。沒錯，這是一個表現我對媽媽的愛的好機會，也是一個帶來改變的好機會。

首先，我要「靠自己」行動。這對正常人理所當然的事，對我卻是難如登天。我想起曾經看過的一個節目，節目中介紹有個失去雙腳的人，跪著也可以跳舞。對啊，既然如此，我也能「跪」著走路啊。

我就自己拿著軟墊，東墊西墊，鋪出了幾條路，這些路就成了我的「康莊大道」。跪著走，似乎也能走出光明的未來。

用膝蓋跪著走，比用腳掌走累多了，也困難多了。「走」久了，雙腿（殘肢）難免因為血液不循環，整條腿都變成紫紅色。即使是地板鋪了軟墊，長期走下來，膝蓋難免破皮流血。我不斷告訴自己，要忍耐，要習慣。這可是改變的第一步。

從一開始的平行挪動身體，到後來我也挑戰垂直移動。不論上下床、上下馬桶、上下車和洗澡等等生活大小事，都是學習重點。

上下車，一度難到我想「算了」。不管輪椅停靠離車子多近，兩者間還是大概有30公分的距離。這一般人一步就到的30公分，我卻難以成功跨越。上車可不像上床，爬上去就到了，光從輪椅爬到車上，我就挑戰十次以上，有幾次我差點就要「落地」了。練習過程中，我一直對自己說「我辦得到」。皇天不負苦心人，總算成功了。

然後，下車更是考驗。除了要克服上車就有的「距離問題」，還得克服向下俯衝的恐懼（因為車子比輪椅高）。看著身旁幫我加油的啦啦隊（媽媽），不服輸的個性油然而生，愈挫愈勇，終於也「安全達陣」，從車上回到輪椅上。

還記得，我在家學著自己洗澡時，媽媽正好做完化療，從醫院回到家。我趕緊把媽媽叫到浴室門口，掩飾不住驕傲地說，「**我會洗澡了耶，一隻手也可以自己洗澡唷**」。媽媽看著我，居然哭了起來。我本來還覺得挺奇怪的，這不是件該高興該大笑的事嗎，媽媽怎麼哭了啊。原來，媽媽是喜極而泣，流是感動的淚。

學會「照顧自己」本來就是我該做的，但學會「照顧生病的媽媽」才是我的終極目標啊。我是一個三肢殘缺的人，要怎麼照顧人，更何況是癌症纏身的媽媽呢？其實，我一點自信也沒有，這簡直就是Mission Impossible——不可能的任務啊（如果可以像電影特效那樣神奇，滑鼠動個三兩下就完成任務，該有多好）！

開始不可能的任務——照顧生病的媽媽

看著媽媽每次化療後的不舒服，我就心疼。這時的媽媽，沒什麼胃口，從醫院回家就躺在房間裡休息。可是，若不吃東西，身體肯定愈來愈虛弱，哪有本錢和病痛搏鬥。我突發奇想：**不如親自下廚吧，媽媽多少吃一些，才能增加體力啊。**

我想起家裡正好有幾包泡麵，於是什麼步驟都還來不及思考，就先拿著墊子墊墊墊，「跪」著進到廚房，想替媽媽煮吃的。開啟爐火的那一刻，我才驚覺不妙。我跪著的高度，我的臉正好對著瓦斯爐火源，也就是說，眼前就是讓我聞之色變的可怕東西。不過，我不得不暫時卸除恐懼與害怕，不然，媽媽就要餓肚子了。

同時，我很怕熱。大面積的皮膚嚴重燒傷，我的汗腺受損，導致毛細孔無法正常排汗，身體喪失散熱的功能。冬天寒流報到、大家都冷吱吱時，我反而覺得超舒服。夏天是我最痛苦的季節，若沒有冷氣加電風扇伺候，我一定受不了。

我告訴自己，再怎麼難受，都要克服。在乎一個人，在乎一件事，可以戰勝一切，不論是生理上，還是心理上。

還好，煮泡麵耗時不久，水滾、把麵和調味料放進鍋子，幾分鐘就好了。我使盡右手力氣，把麵從鍋裡倒進碗裡。然後，我戰戰兢兢端著麵，跪跪跪跪去客廳，把麵放涼一點，也稍微休息一下。

幾分鐘後，再把麵端到媽媽房間。好幾天食欲不振的媽媽，居然把整碗麵都吃光了。媽媽說，她很感動，居然能夠再吃到我煮的東西，即使只是泡麵，卻是她吃過最美味的一碗泡麵了。

或許遺傳到爸爸，從小我就蠻有料理天份。我喜歡鑽研醬料作法，比較擺盤方式。國中時，還會煎蛋煎牛排給同學和媽媽吃。這段期間，則為了煮好吃的給媽媽吃，延續興趣。不只煮泡麵，舉凡洗、切、煮、炒、煎等步驟，我都OK！

做菜時，我會從冰箱拿出裝袋的食材，吊在剩下半截的左手臂，接著「跪」到廚房。洗菜時，就用一隻手慢慢洗；切菜時，用左手殘肢固定菜，用右手切。原本，兩人份（我和媽媽）的餐點，加上準備時間，大概要一個多小時。後來，熟能生巧，不到一個小時，就完成了。

車禍之後，我最常問媽媽，「為什麼這麼愛我，為什麼能愛一個如此不同的孩子」。媽媽告訴我，這是上帝的愛，只憑她個人的愛，是絕對做不到的。以前，媽媽的說法，我很難懂。後來，我從生活中，慢慢地了解。原來愛，是一種犧牲，一種想成全對方，給對方一切的犧牲。

我因為不想連累媽媽，不想失去媽媽，所以想要長大。我不斷地被磨塑，而能不受限制地，完成一些原先無法想像的事。我想，困厄的環境將帶領我突破自己的極限。

孤軍奮戰很吃力，一個人往前衝，沒有人幫你掩護。但是，團隊合作就不一樣了，即使我跟媽媽只有兩個人，還是能互相支援，扶持。當對這個道理有深刻體悟後，罹癌這件事，也變得不這麼可恨了。

我常自告奮勇，擔任家中的大廚，舉凡拆包裝、洗菜、切菜，通通一手包辦。

裝上義肢之後，我不必再跟「火」面面相覷，拌炒起來輕鬆多了。裝盤時，我會找個漂亮的盤子，好襯托出食物美味。

接著，上菜囉。餐前，媽媽會帶領我禱告，感謝上帝的賜福。

「跪」千金和「少」奶奶，成了生命教材

其實，媽媽體內癌細胞並未在切除、化療結束後，被趕盡殺絕。即使媽媽依照醫生的吩咐，調整生活作息，早睡早起，健康飲食，養成運動習慣，還時刻保持愉快心情。隔年，胸部還是摸到新腫塊。因此，兩年間，媽媽一共做了19次的化療，65次的電療，也當了2次「時尚」的光頭。

我偶爾會陪媽媽去醫院。她總是打扮地漂漂亮亮，帶著微笑，一點都不像個癌末病人。利用療程空檔，媽媽會主動關懷其他癌症病友，陪他們聊天，聽他們訴苦，鼓勵他們「無畏病魔，懷抱喜樂的心，就能像她一樣活得好好的」，也要他們知道，自己並不是單打獨鬥。

也許是受到媽媽影響，我也想替需要加油的人打氣。

有次，陪媽媽複診的前一晚，我跟媽媽說，「聽說音樂可以撫慰人心，明天我要彈吉他給病患聽」。媽媽以為我開玩笑，等隔天我執意背著吉他出門，她才知道我比誰都認真。

這正好驗證《聖經》裡的一句話——「施與受同樣具有療癒的力量」。是啊，助人的力量，讓我跟媽媽暫時忘記殘缺與病痛呢。

臺中醫院公關聽到我們的故事，覺得不可思議，畢竟，任誰都沒想到，兩個在其他人眼裡自顧不暇、傷痛纏身、需要被幫助的人，竟能反過來幫助人。於是，想透過刊物裡的專欄，介紹我們，期待能把我們母女倆的故事傳出去，藉以激勵更多的人。對此，我們當然樂見其成，二話不說就答應了。

剩下一隻右手的我，能夠彈吉他，有兩個幕後推手。一個是免費教學的吉他老師（左圖），一個是送我「吉他手」的正全義肢公司鍾老闆。

從沒想過，那時的我們，一個是「少奶奶」，一個是「跪千金」，居然有機會上報、上新聞，還成為生命教育的教材。

傷病讓曾在鬼門關前走一遭的我們，更珍惜彼此、身邊的人。外表殘缺那又如何，我們都正在積極努力讓人生更完整、更幸福呢！

意外的車禍和可怕的癌症，讓我和媽媽成了生命共同體。我們的身體都殘缺，但是彼此的扶持，讓我們變得完整。

用義肢站起來那瞬間，
痛痛的、麻麻的，但傳到心裡的全是感動，
鋼鐵腳讓我長高30公分，視野變了，心情也變了。
我像重生一般。終於，盼到這雙腳。
我要用自己的力量，走出屬於我的康莊大道。

Part 10

我有腳了，而且是一雙很酷的腳！

輪椅到不了的地方，就採「間接」逛街法

雖然，害怕接觸人群，我還是喜歡媽媽帶著我，到處走走。到人多的地方，我會習慣性待在車上；但到了人少的地方，我也會想要下車，呼吸一下新鮮的空氣。那時，所謂的「走」，其實就是「坐著輪椅走」。偶爾，我會看到網路上不少身心障礙者分享，就算沒有雙腿，仍能坐著輪椅「走」世界。我打從心裡佩服他們勇氣可嘉。但是，對那階段的我來說，踏出去很難！

輪椅的體積挺大的，每當路比較狹窄或店面比較小時，就顯得窒礙難行。然而，室外的地面凹凸粗糙，不比家裡刻意鋪上軟墊的平坦路面，我根本不可能「下車」「跪」著走，否則還沒「跪」到目的地，我恐怕就已經因為膝蓋鮮血直冒，被救護車接走了吧。

於是，遇到輪椅到不了的「小地方」，我只好請媽媽代步，然後，她會再把所見所聞轉述給我聽。那段日子，我所謂的逛街，大部分都是這樣子的「間接」逛街法。

我也想不顧一切，乘著輪椅，勇闖世界啊。但是，一想到下一秒我可能會卡在半路呼救，或撞翻商家店內擺設惹麻煩，或被嘲笑，或被投以異樣眼光……，那股動力就完全消失了。

我幾乎天天都在盼望，「脫離輪椅」行動的生活。以前在學校的時候，我可是個充滿活力的「運動健將」。對我來說，跑步、跳繩、羽球、足球、籃球、乒乓球、扯鈴……，都是小case。

當初，我什麼科都不擅長，唯有體育深得我心，一上課，就換我大展身手了。尤其打躲避球，同學通常一致推派我當負責K人的外場。除了因為我動如脫兔，身手敏捷，不管球到哪都能成功攔截，避免出局外，我殺起球來又準又狠，敵對內場常被K到只剩小貓兩三隻呢。

如果可以，真想搭乘哆啦A夢的時光機，回到過去，回到四肢健全的自己。但我清楚得很，時間不能重來——回不去了。直到有次陽光基金會的復健師來家訪，提到「義肢」，又燃起我一絲希望。是不是未來的某一天，我真的能夠再用自己的力氣邁步呢。

我幾次夢到四肢「長」回來，
也曾以為「站起來」，根本就是天方夜譚。
直到陽光基金會復健師給予「穿義肢」的建議，
我才相信——「美夢」也會「成真」。

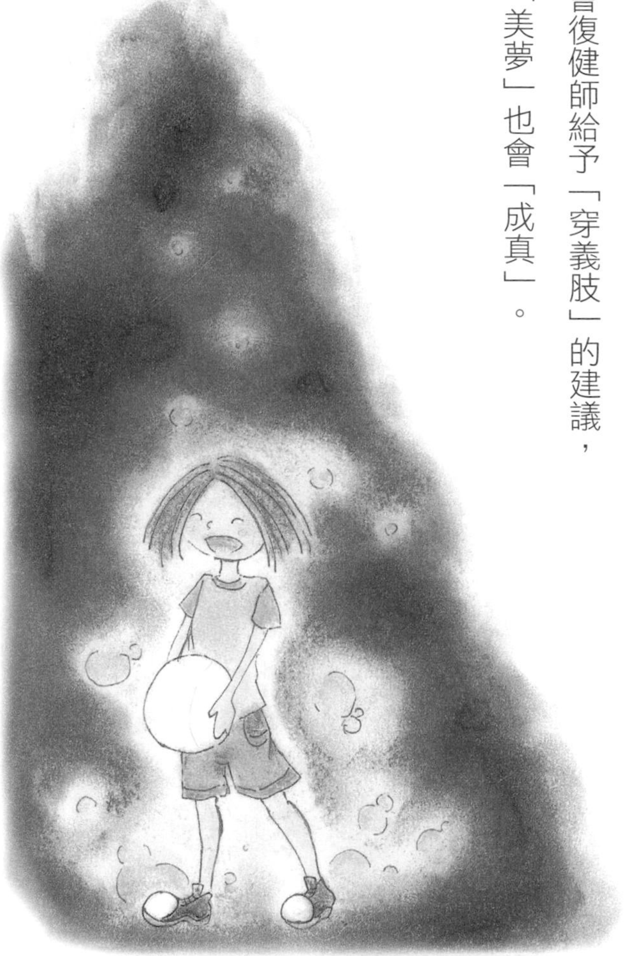

我想要裝義肢。這個想法，開始徘徊在我的腦中。一旦遇到不便，尤其是需要媽媽（或旁人）協助時，這個想法就更加強烈。或許裝上義肢，身邊每個人，都會減輕不少負擔吧。

我無時無刻會在心中模擬：**如果我裝了義肢，可能就不會怎樣怎樣了。如果我站起來，也許就能怎樣怎樣了。**

穿義肢訓練2個月，我就撐著拐杖，爬山去！

透過陽光基金會的牽線，二〇一一年8月，我首次接觸義肢公司。我離「再度擁有屬於自己的腳」更近了。從沒想過，我還有機會「站起來」看世界。我本來以為是「白日夢」的夢想，居然要實現了！

進一步了解，才知道，「義肢」不像模型公仔，買來就可以組裝，組裝完就可以展示。從準備要裝，到裝好要用，可說步驟繁複、工程浩大。仔細想想，也算合情合理的，畢竟我裝義肢的目的，是要拿來用，不是要拿來展示的耶。

第一個步驟：修改size。

多數人大概認為像買牛仔褲那樣，配合腰圍、臀圍、腳的長度等，來修改褲子的尺寸吧。錯了喔，不是修改義肢的size，是修改我本人的size。聽起來是不是像在演恐怖片，但是，真的就發生了。

即使已經截肢，殘肢的骨頭仍會持續生長。車禍發生、截肢時，我才14歲，正值青春期階段，發育速度更是快。經歷四年多，我雙腳的殘肢末端，已經長出將近2.5公分的骨頭了。

為了順利穿戴義肢，我必須「進廠維修」，透過削骨手術，把多出的骨頭切除，並把即將與義肢接觸的施力點修平整點。

削骨手術，大概是集滿20次開刀經驗的我，最痛的一次了。先前的手術多以皮膚移植為主。雖然痛，但牙關一咬，忍一忍就過了。削骨不是一般的「皮肉傷」，而是一種椎心刺骨的痛法，吹吹呼呼根本安慰不了。

還記得，手術隔天、麻藥退後的換藥時間，我真的是拋開面子的驚聲慘叫。淒厲的哭喊，就連隔好幾間房的護理站護士們，都感到不可思議：「到底是哪一間在殺豬啊。」

第二個步驟：戴義肢，站起來。

等削骨手術的傷口復原差不多，大約是半年之後的事了。二〇一二年2月，我再次回到義肢公司，老闆依我雙腳殘肢形狀打模、製作。一週後，我看到「我的腳」了。我急著要老闆幫我把義肢戴上。

好神奇，我有腳了！低頭看著讓我瞬間長高了30公分的義肢，我的喜悅難以計算，終於，盼到了這雙陪我走未來的「鋼鐵腳」。瞬間，眼前視野變了，心情也變了。我好像重生了一般。

我得先練習如何用一隻手穿義肢，如何站起來。畢竟，坐輪椅四年多，截剩的「那段腿」，早已過慣舒服的生活。幾百年沒有用，突然要「它們」穿著硬梆梆的義肢、扶著欄杆站起來，真的不容易。

用「新的腳」站起來的剎那，殘肢的支撐點痛痛的麻麻的，不過，傳到心裡的全都是感動。所以，即使一連串的過程很苦很累很痛，我偶爾也會抱怨，偶爾也會偷懶。但是，我從來不後悔。

「我得突破極限，得先習慣站，才能往前走啊！」從一開始的練習以秒計時，到後來一分鐘、三分鐘、五分鐘，慢慢ㄍㄧㄣ，慢慢進步，愈站愈穩，愈站愈久。我努力適應用義肢撐起身體的感覺。

為了盡快達成「健步如飛」的目標，之後整整一個月的時間，我天天到義肢公司附設的訓練教室，早上九點準時報到，下午四點練完回家，我不遲到、不早退，把握每分每秒的練習。

第三個步驟：穿義肢走路。

練習站立差不多過了一個星期，我就受不了了。不是想放棄，是想超前進度。我扶著輔助欄杆，試著用「小碎步」移動腳步，居然成功向前走了三、四步。不久後，我還扶著欄杆、繞著練習場的跑道走。

有天，在義肢公司練習，正好被老闆看到我走路的樣子，他誇我「進步神速」。他依過往經驗判斷，光有一隻手的人，至少得練習六個月，才能有我這種成果，而我竟然一個月就會走，還走得這麼好。我沒有告訴老闆，其實，我每天回家，都拜託媽媽在我面前走來走去（走到媽媽腳痠發脾氣），我想藉這個方式，找回曾經有的感覺。

老闆的讚許，就像一劑強心針，讓我有把握「加快腳步」。有次，洪真哲牧師約我和媽媽一起到溪頭走走，那時我穿義肢大概才三個月左右吧，只因為想知道「新的腳」好不好走，就膽大包天答應了。當天一早，牧師開著車，載著師母、媽媽和我，還有Seven（教會裡的寵物狗）前往溪頭。到達之後，我就穿義肢、撐枴杖，爬山去了。

當然是不可能一口氣走到終點啊，義肢與殘肢間不斷摩擦造成的不適，讓我走沒幾步、5～10分鐘就得休息一下（因為有帶輪椅，累的話就坐回輪椅）。走走停停，停停走走，還是到達目的地了！

再過一個月，我連拐杖都不想拿了。拐杖的輔助確實能讓我走起路來比較不吃力，但是，我也怕我會因此過度依賴，更何況我才18歲耶，真要拿，等上了年紀再拿也不遲啊。所以，我很努力很努力「戒拐杖」。例如，我用「跪」來強化大腿力量。想盡快擺脫拐杖，用自己的力量踏出每一步的決心，讓我常常跪到膝蓋都受傷流血了。

這是戴義肢差不多三個月左右，還必須靠柺杖輔助時。那次，我和洪真哲牧師（左一）、師母（左二）、媽媽，還有 Seven（小狗）去溪頭爬山。從照片就可以看到，我的臉寫著「我好累」三個字。

第四個步驟：繼續加油，努力突破。

等殘肢比較耐「操」，差不多是戴義肢後一年的事了。

戴義肢走路想走得穩走得漂亮，除了要正確運用大腿肌肉，撐起一邊超過2公斤的義肢重量外，還得有十足平衡感。為了訓練這兩項「關鍵能力」，媽媽買了一臺跑步機放在家裡，讓我即使在家這樣小小的空間，也能「邁開步伐」充足練習。

前幾次，走個十分鐘，我就投降了。即使我盡量把義肢想像成自己的腳，但疼痛的程度，反讓我覺得：自己的腳都不是自己的腳啦。

「一點小痛算什麼，我絕對可以忍耐！」有次，我試著這樣「催眠」自己。催眠自己可以忍受，催眠自己沒這麼脆弱。因為，我不能一直停在十分鐘，我必須進步。就這樣十分鐘、十五分鐘、二十分鐘過去，我繼續走，繼續哭，繼續突破。等到我疼痛指數爆表，不得不停下來時，才發現這一趟，竟已走了三十五分鐘。

擁有「鋼鐵腳」後，我把握每一次能走路的機會。一有時間，媽媽就會陪著我，帶著 David（在椅子上）跟無敵（在我腳上），到住家附近練習走路。

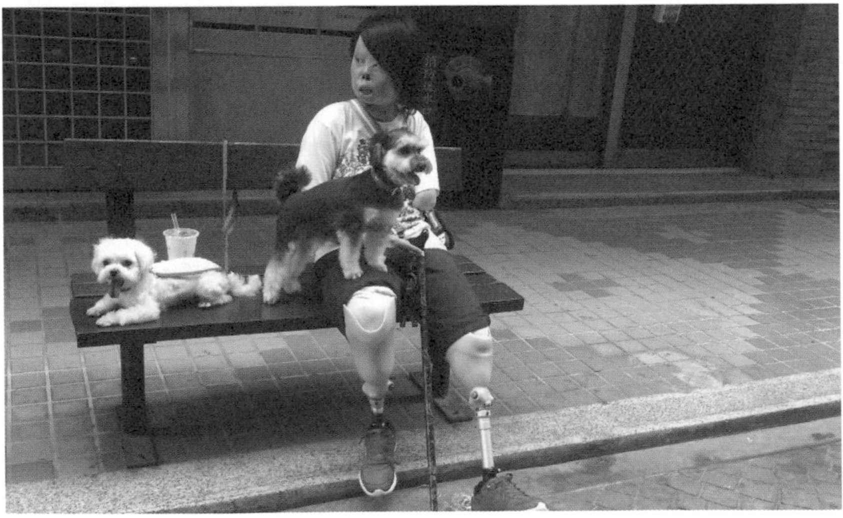

對我而言，穿戴義肢走路，除了適應、練習之餘，忍耐力也得無限上加。截肢之後，殘肢的骨頭依然處於「成長」狀態，會有種骨頭想突破皮膚的感覺。不只是發育階段，有人四十幾歲都還在長呢。雖然，骨頭長的速度不比頭髮指甲快速，但仍會與義肢產生「不合」。

非燒燙傷的截肢患者，皮膚還具有彈性，疼痛感自然比較輕微。而我的皮膚早失去彈性，長出來的骨頭只有薄薄的皮膚包覆著。當骨頭接觸義肢，大概就像手肘撐在石頭路上爬那樣，很不舒服。

走起路來，殘肢與義肢摩擦碰觸更為劇烈，疼痛指數就會攀升。這種痛無法消除，簡單一點來說，就是要走路，就要忍耐。直到現在，走起路來依舊不太舒服，每走一步，就痛一次。不過，如果忍下來，就能往前走的話，我很願意。

酷斃了，我有雙藏不住的鋼鐵腳

想起第一次戴義肢外出，是去豐樂雕塑公園。那天，剛好有辦活動，現場的人來來往往，我有點猶豫是不是要下車，還是跟以前一樣，隔著玻璃窗，看看就好。

「不，我已經不一樣了。」念頭一轉，我鼓起勇氣，決定下車。下車後，我發現路人不再盯著我的臉，而是把焦點放在我的「腳」。

於是，我落落大方站在人群之中，讓他們一次看個夠。他們一定是覺得我的腳「太帥了」吧，因為連我也頗有同感。這不是自我感覺良好，而是到目前為止，我還真沒看過跟我一樣的「鋼鐵腳」呢。

完全無法想像，我居然能把自己的殘缺，赤裸裸地攤在別人面前，而且還能不做作、不尷尬的做自己。這和我先前一心想「偽裝」的想法，根本就天差地遠。我本來還和媽媽說，一定要在義肢外頭包上人工皮，好讓「假的」義肢看起來像真的腳。

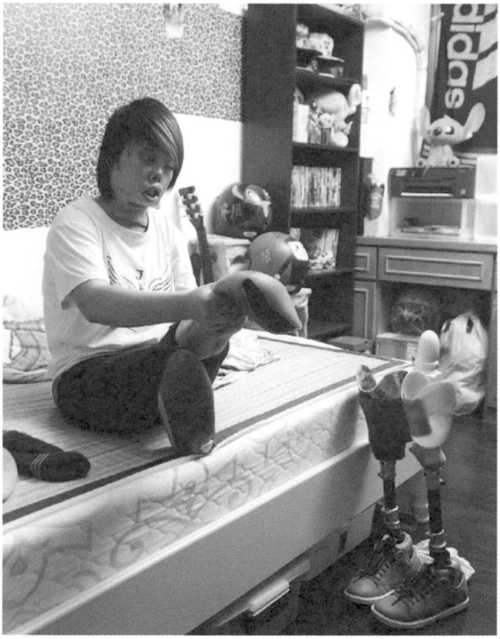

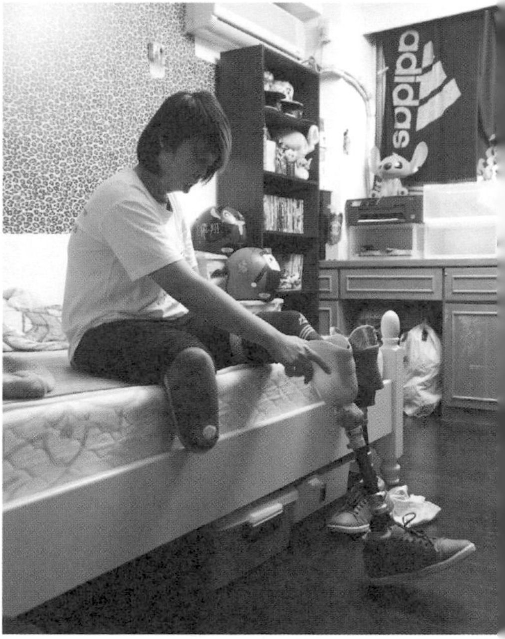

我很寶貝「我的腳」，因為它可是讓我站起來、走出去的大功臣。

穿義肢不簡單，尤其是用一隻手。我得先把 5 層矽膠、布等，套在殘肢上，好保護真正的腳（左上），接著才能穿義肢（右上）。

我左腳義肢是卡榫式的，對準了才穿的進去（左下），右腳義肢則是吸附式的，稍微用點力就能與殘肢結合了（右下）。

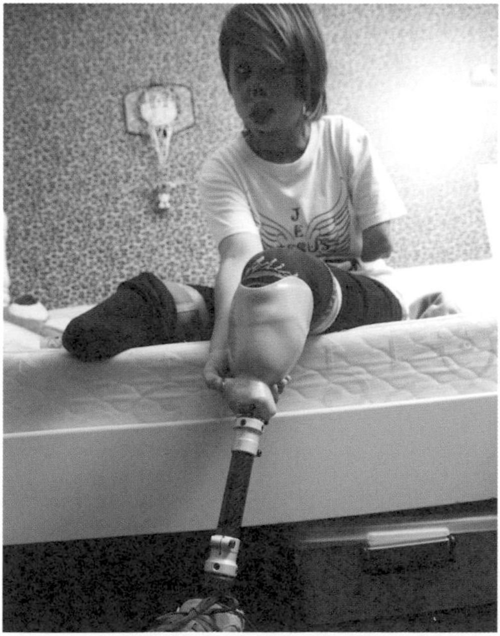

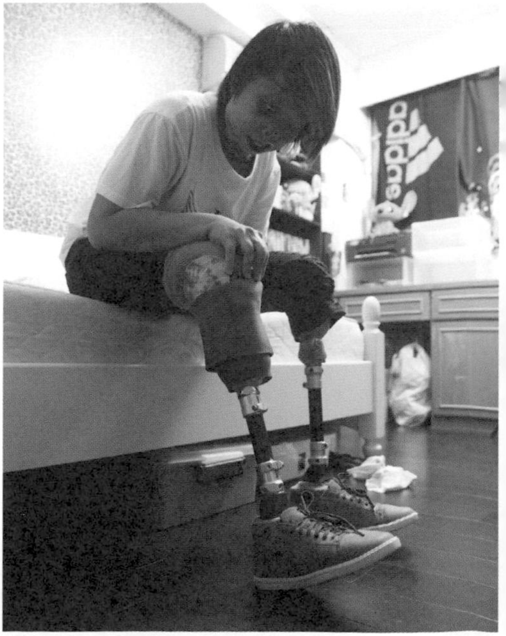

我突然領悟，**人的價值不是用外貌來估算，也不是透過別人的眼睛來評分。自己的心才是真正主宰**。當我清楚知道自己的價值，心態就會不一樣，而散發出的氣質，也會改變。

當我接納自己的殘缺後才知道，我根本不需要去跟全世界比較。每個人都是獨一無二的，而我，自然也是如此。我不再想著怎麼去讓假的變成真的，我反而喜歡穿短褲出門，讓大家看見我的不一樣。一旦開始這樣想，我也開始欣賞自己，尤其欣賞自己的「與眾不同」。

力克・胡哲的萬人演講活動現場，大大的電視牆上就 show 著演講的主題——「你能與眾不同」。大大的6個字，早就已經重重地烙印在我的生命裡，是我用勇氣自己刻上去的。

是啊！我再也不要躲在玻璃窗裡了。我默默地許願：這雙腳是神給我的恩典，我要用這雙鋼鐵腳，走遍美麗世界。

Part 11

接受不完美，突破生命中的限制

我期待手術能讓我變正常，
然而，這張破碎的臉註定陪我一輩子。
我陷入憂鬱，也靜心禱告。
我發現這個消息，並不是教我舉白旗，
而是告訴我得愈挫愈勇。
後面還有更多的挑戰，等著我一一闖關。

原來，真正勇敢的人，不畏懼展現柔弱面！

再次站起來，可以算是18歲的我，重要的轉捩點。

14歲生日前夕的那場車禍，讓一個叛逆少女容貌改變、成了殘疾人士，別說要多堅強多坦然面對了，當下的我，根本難以招架。事故發生後，有好長一段時間，我找不回過去的幽默、搞笑，也不再是那個活潑外向的少女。我刻意與「人」保持距離。

我的個性一直很壓抑。我習慣把不愉快放在心裡，獨自承受，對外卻嘻嘻哈哈，報喜不報憂，表現出一副「嘸要嘸緊」無所謂的樣子。車禍前，即使渴望家庭溫暖，卻假裝不在乎；車禍後，明明身心嚴重受創，卻假裝很堅強、可以撐得下去。

我以為，把心裡那些想要的、害怕的說出來，就是對天下昭告我的軟弱。所以，我用力地藏，要讓大家知道，我很「勇敢」。戴上義肢是我脫胎換骨（或者說換心）的關鍵。

我不再像以前一樣，刻意把殘缺掩飾起來，也不再把殘缺視為限制。**我開始相信，把最軟弱的一面展現出來，才是真正擁有勇氣的人。這個勇氣，將能帶來改變。**

那時，有位熱心教友，看到我和媽媽的見證分享而深受感動，就找了幾個熟識的東海大學學生，在Facebook建立粉絲團。二〇一三年1月，「小N拼豆手創館」正式誕生。除了分享我的生活點滴，也能拓展客源。

也許是「臉書」世界無遠弗屆。我擺攤前就經營「無名」兩年，都不曾有陌生網友向我訂貨。粉絲團一成立，馬上接到不少訂單。為了不讓顧客等，我三天兩頭就跑郵局寄貨。這時，媽媽不只要開車載著我載著貨去郵局，通常還包辦寄包裹所有手續。而我則待在車上等。

有一回，我鼓足勇氣和媽媽一起下車，走進郵局。透過媽媽指導，從排隊，到包裹秤重、付款等，通通自己來。當時的我緊張地不得了，根本顧不得旁人「怎麼看」。等到任務達成，回到車上，媽媽誇我好棒時，我才發現，我已經戰勝「人群恐懼」了。

簡單一個念頭讓我打開車門，跨出一小步，也讓我對下一步躍躍欲試。為了踏出一大步，我變得更「大膽」。我試著到住家樓下的中庭散步、領包裹，也會去住家附近走走晃晃。當我確定目的地後，通常會分析路況，就像連續假期，準備開車上國道那樣。不過，我的重點不在車潮，而是在人潮。我一改過去專挑人煙最稀少的路走的習慣，開始不害怕讓自己也成為路上行人的一份子。

找不到健康的皮膚移植，臉部修復宣告停止

想起第一次看見自己車禍受傷後的模樣，除了驚嚇，還是驚嚇。連我自己都不敢面對了，別人看到會有多麼害怕呀。住院時、出院後，屢屢瞧著自己那張破碎的臉，總是沮喪萬分。

「別照了，愈看愈傷心。」有人心疼我，所以建議我，乾脆「眼不見為淨」。車禍後的病顏與殘缺，我也想視而不見，可是鏡子（和所有可反射的物品）提醒我，路人提醒我。我想自欺，但欺不了人。

我突破玻璃窗，不躲著看世界了。
我開始出門，而且不再害怕人潮，
我要讓大家看見我最酷的鋼鐵腳！

車禍前，我很喜歡小朋友，他們真誠不做作，讓我不必武裝。車禍後，小朋友的真誠不做作，卻讓我不得不武裝。我變得很討厭小孩，或者說，我很怕遇到他們。他們無心的言語，總讓我很受傷。

「這個人怎麼長這樣？這個人好可怕哦！」異樣的眼光，我可以裝作沒看見，可是，小孩往往不只用眼睛看，而是這樣一語道破。

偶爾，媽媽也會因為小孩子有意無意的一句話氣到哭，甚至想要教訓他們。而當下的我，往往更像一個做錯事的「孩子」，難堪地想把頭埋進胸口。的確，我也是個孩子啊，心被劃上一刀，就算只是不小心的，不是有意的，也不可能不痛啊。

將近兩、三年的時間，每個星期媽媽都得陪著我，風塵僕僕從臺中北上臺北診療。等傷口復原，才改成一至三個月複診一次。每次主治醫生通知我下次的手術時間，我不但不害怕，反而希望手術快點到來。當然，手術不是完全沒有風險，我也不是皮癢「討皮痛」，而是覺得殘缺的自己，即將透過手術「恢復原狀」。

我想忽略自己的破碎與殘缺，
可是時時刻刻都有人在提醒我。
我害怕面對外面的世界，
更害怕面對真正的自己。

超過20次的重建手術，每次開刀時間都是10小時以上，縫針數也是百針起跳。我記得，我永遠都是早上第一刀，然後在恢復室裡待到最晚，待到全部的病人都離開了，我還在。後續的換藥與拆線更不用說，簡直就是一次接著一次的痛徹心扉。

印象最深刻的是脖子和下巴的重建手術。燒傷後，我沒有脖子，也沒有下巴。除了無法抬頭，還得時時刻刻把衛生紙往嘴巴裡塞，收集無法控制的口水，一天下來，就得用掉一包一百二十抽的抽取式衛生紙。光相關的手術，前前後後就開了8次。手術後，我有了脖子，口水也不再像以前一樣一直流了。這樣「完美」的結果，我自然更期待，透過一次又一次的手術，慢慢修復我的容貌。

不過，我的健康皮膚所剩無幾，為了增加堪用皮膚的面積，得在體內「種水球」。移植手術前幾週，醫生會在我的大腿（比起其他部位，大腿的健康皮膚較多）埋一顆水球，之後每星期都要挨針灌水，一次打進25～50克的水，讓水球把皮膚撐開撐鬆。

日漸「增胖」的水球會讓皮膚很脹不舒服，活動或睡覺時，還要小心不能壓到。待皮膚被撐到一定大小，就切下來，移植到需要部位。不過，我的燒傷範圍大，可種水球的健康皮膚有限，長出來的新皮膚往往不夠我用。即便如此，每次切割的傷口還是長達18公分。

別人聽了也許覺得很辛苦很殘忍，我卻覺得很值得，從沒想過臨陣脫逃。我像個熱衷集點的孩子，一次手術就是一張點數貼紙。只是不像7-11滿額就有，我的貼紙得來不易，每張都得經過千刀萬剮才能獲得。

理論上貼紙愈集愈多，目標也就愈來愈近。只可惜，集點活動偶爾也會因故中止，當我拿不到點數時，就表示：我永遠換不到我想要的東西了。我要換的，是張完整的容顏。

二〇一三年5月13日，是我最後一次定期複診的日子。這並不是代表我已經修復完成，而是我不得不停止修復。

「妳燒傷面積太大，找不到健康的皮膚，再也不用挨刀了。」醫生的說法，聽在我耳裡，就是「妳永遠都只能頂著這張臉了」。

那陣子，本來預計要進行的，是鼻子的重建手術。我的鼻子被無情大火燒到只剩一半，如果能透過手術修補成功，我的臉就能變得更「正常」。我幾乎用了一整年的時間來期待這個手術。

醫生一句話，我的希望瞬間幻滅。當下，我的難受，就好比呼吸沒了氧氣，我試圖想多少抓住一些些，卻抓也抓不著。從醫院回到家裡，我依舊沉浸在憂鬱中。我把自己關進房間，關掉燈，禱告。

當我開啟與神的對話，才發現這個「消息」，並不是教我舉白旗，是要教我愈挫愈勇。這是在提醒我，與其逃避，不如堅強面對。是啊，**唯有面對，並真心接受不完美的自己，才能讓自己更好**。

一旦開始這樣想，也開始覺得慶幸。還好，我已經戴義肢了，若這個「消息」在戴義肢前宣布，那個自怨自艾的我，療傷期恐怕會拉得更長吧。這是神知道我一切都準備差不多，才給我的新挑戰。

站上臺、拿起麥克風，原來別人眼裡的我如此有魅力！

二〇一三年5月，我接到林乃慧老師的電話，她邀我到臺南長榮大學擔任生命教育課程講師。國中沒畢業的我，能當大學生的講師嗎。

乃慧老師給我一個題目——「不一樣的人生」，她希望我用一路來的奮鬥與努力，讓學生對生命有更多啟發。生平第一次當講師，說的是自己的故事，我有點期待（好像不是很困難），也有點猶豫（到底有什麼好說的啊）。雖然如此，我還是答應了。為此，我列出演講大綱，天天練習3小時，整整一週。

演講當天，面對臺下一百位左右的學生，我用略微顫抖的聲音，一鼓作氣講了90分鐘。本來就怕熱的我，根本愈講愈熱（太緊張了），連和觀眾對到眼都害怕。不過，我偷偷瞄了臺下，大部分人眼神很專注，也沒人打瞌睡，還有些人感動到哭了，這就表示不會太無聊太無趣吧。最後，熱烈掌聲為我「前所未有」的經驗，畫下完美Ending。

印象中，我這一次演講只有前15分鐘是站著，後面都坐在椅子、看著講稿進行。演講活動結束，看到主辦單位粉絲團上的照片，總覺得坐著講似乎沒什麼「fu」。我得想辦法，讓下一場看起來有「fu」一點（雖然，那時也不知道有沒有下一場）。

首先，我不只自我訓練要站穩，而且還要站整場。想要得到什麼結果，就要付出同等努力，本來站十五、二十分鐘雙腳就受不了了，幾場演講磨練下來，別說站六十、七十分鐘，不成問題，我還能走來走去，走前走後，增加氣氛呢。不過，並不是腳不痛了，而是當我能跟痛和平共處後，痛也就不成問題了。

再來，僅存的右手比起拿講稿，拿麥克風更有sense。也許情勢所逼，受傷後，我不只忍耐力驚人，記憶力也變超好。當我用一指神功把講稿敲進電腦時，也同步輸入腦袋。有次，我拿印出來的講稿給媽媽，讓她考考我背得熟不熟，結果，我背得一字不差。

也難怪媽媽要大驚小怪，以前我光五柳先生傳（83個字）都背不完了，現在竟背得出動輒一千字以上的演講稿！或許，也因為這是屬於我的生命故事，不必死背，只需真實的訴說吧。

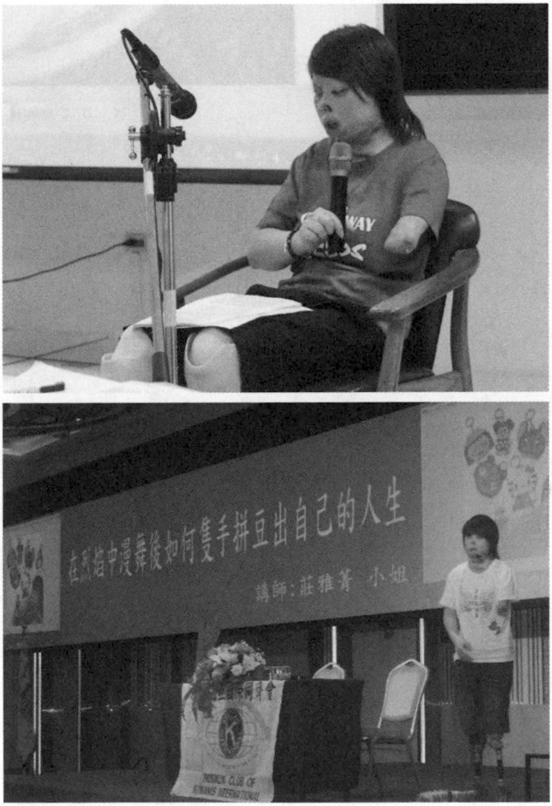

第一次的演講，我大部分時間坐在椅子上、看稿子講（上圖）。後來，我不只站整場、不看稿，還能走來走去，營造氣氛（下圖），這是我 2014 年 7 月受「國際同濟會」邀請的演講活動。

二〇一五年3月19日，又是一個新挑戰——我的聽眾是外國人。

這天，我到臺中馬禮遜美國學校演講。本以為應該跟其他學校差不多，在大教室分享。當會場大門一開……哇塞，這個教室也太大了吧。

不，不是教室，根本像是電影院。電影院的椅子，專業的音控臺……，而且，我還有翻譯。臺下的學生有韓國人、美國人、澳洲人、日本人等，根本就是小小聯合國。因此，我所說的一字一句，須要透過老師翻譯成英文。這可是巨星等級耶，興奮到我差點講不出話來（那演講怎麼辦）。

興奮歸興奮，我還是沒忘初衷。過程中，大家都好熱情，歡呼聲此起彼落。結束時，好多人給我擁抱。我終於了解，為什麼有這麼多人想要擁抱力克．胡哲了，這一切在於一個人的自信，當我非常非常有自信的時候，不用特別做些什麼，隱藏的魅力都會散發出來了。而這樣的魅力，能讓我變成真正的焦點。

有了這次經驗，我自信加到接近滿分，我要以力克．胡哲為榜樣，巡迴世界各地，把「與眾不同」的生命體驗，分享到每個角落。

人的某些特質，將是用來對抗不順遂的籌碼

或許是我的故事讓人有所感觸，或許是有人想鼓勵我、給我機會，也或許是我真的講得不錯，因為我總是喜歡以幽默開場，搞笑串場，溫馨感恩收場。總之，我陸續收到演講邀約，不只學校、教會、企業及公益團體，還去過女子監獄呢。短短2年多，北中南已有將近30場的講座、超過10000人，聽到我說的故事了。

曾經聽過我演講的老師問我，「妳以前是不是作文寫得很好啊」。聽到這樣的讚美，我忍不住偷笑：不要鬧了，我以前連標點符號都霧煞煞，看什麼都是「小蝌蚪」，更別說什麼用字遣詞了。

我不過就是想好好把握機會，用我的故事，讓和我一樣，曾經少不更事，對生活感到迷惘、對生命失去盼望，甚至，差點活不下去的人，勇敢一點，拿出力量「活下去」罷了。畢竟，這個任務可以算是，上帝要我活下去的意義與價值之一。

為此，我會用至少一個星期準備演講稿，我得想辦法讓內容變得有趣有意義，讓臺下的人聽得下去，聽得進去，而且沒有壓力啊。

有人說，「有錢出錢，有力出力」，幫一個是一個。而我，既沒多餘的財富，也沒多餘的力氣（我只剩一隻手啊），所以，我都會開玩笑地說：「那我就『出一張嘴』吧」。

希望能用「說」的方式，把我的親身體驗，把我準備的「生命教材」，傳達給聽眾，和那些需要的人，哪怕他們只是小小啟發或小小改變，我的生命就更有價值了。

演講、擺攤次數多了，報章媒體報導也隨之發酵。偶然間，我在網路上看到一則關於我的報導，及下方的讀者留言。

「我是雅菁車禍一發生，被送到醫院急診時，第一時間負責搶救她的醫生。我記得，那時候雅菁的心跳一度是停止的，還好所有的人和雅菁都沒有放棄。終於，活下來了！……」看到這則留言，我心中有股莫名的感動，不知為何，就是想哭。

原來，在我的潛意識裡，存在著如此堅強的求生意志。我的生命原本可以在那一瞬間失去的，是奇蹟讓我恢復心跳。**一度我還怨懟這個得來不易的奇蹟，企圖破壞它。還好，現在的我，不只是活下來了，正努力地活得更好！**

或許吧，人在尚未出生前，就已有專屬於自己的特質，這些特質，將是未來對抗不順遂時的籌碼。每個人一生中，所要面臨的挑戰都不同，當碰到「不可能的任務」時，千萬別垂頭喪氣，棄械投降，也千萬不要放棄，因為活著就是希望。

靜下心，一定能找到那個最佳武器，來迎接這些時不時出現的挑戰。當人相信自己，面對自己時，就會是突破限制的開始。

當我接受自己的殘缺，殘缺就不會是我的限制了，走出外面的世界，也不再成為問題。因為拼豆事業，我除了常要寄包裹，也常要下樓領包裹。以前這些事都是媽媽代勞，現在我都自己來。下樓拿掛號單（上圖），到警衛室簽收、領取（下圖），我都沒問題。

Part 12

翻轉的人生，美好的見證！

我勇敢面對那個逃避已久的傷口，
原諒，將能有效防止二度傷害。
我不再埋怨，把苦難視為前進動力，
視為翻轉我人生的奇妙力量。
成長，並非在一朝一夕就能看見，
但我知道，我的未來不再是夢。

真正的原諒，就無法對我造成二度傷害

我一步一步慢慢向前，突破殘缺造成的限制，終於，可以去旅行了。

二〇一三年，也就是車禍後第六年，我們母女「計畫」來個小旅行。其實，我們的計畫，就是沒有計劃。不特別安排行程或景點，只想好好放鬆，好好玩。甚至，也沒去到太遠。

車禍以來，每次「出門」大概就是去臺北複診或開刀，不然就是到各地演講分享。所以，這次的旅行，我們倆都格外期待，別說是車禍後的難得體驗，就連車禍前，也很少有機會擁有這樣的親子時光。

難得可以泡澡，我根本泡到天荒地老，連吃飯時間都捨不得上岸。

我們沒有計畫，但有目標。目標是「大浴缸」。我們挑了間汽車旅館，請櫃臺人員幫我們挑一間，浴缸最大的房間。

算一算從住宿到退房，差不多13個小時。不誇張，我整整6小時是待在水裡（不是在睡覺，就是在水裡），因為不知道下次哪時能再來。連吃飯也捨不得「上岸」，堅持把餐點放在浴池邊，邊泡邊吃。媽媽都笑我，整個人都泡到皺巴巴了（其實，燒燙傷的皮膚不太能泡熱水。那天泡完，我的兩隻腳全起膿包了）。

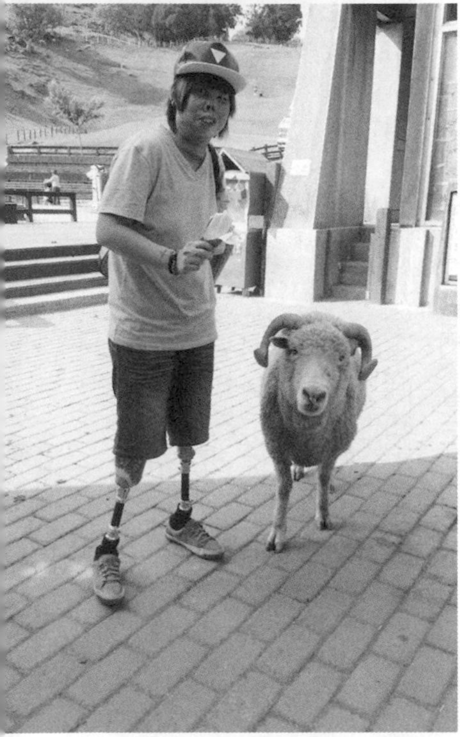

這是我們到清境玩。看完綿羊秀之後，大家都追著綿羊跑（很難追到）。神奇的是，綿羊似乎知道我跑不動，居然主動跑來找我。

我們都沒想到，兩個差一點失去生命的人，竟然能玩得如此盡興，盡興到幾乎遺忘了自己的殘疾與病痛。要是每一件讓人煩惱的事，都可以泡泡溫泉就遺忘的話，那該有多好。

「為什麼他沒拉你一把，如果不是他，妳現在也不會……。」很多人聽到我的故事，第一個反應是罵當時騎車載我的人，怪他沒救我，怪他沒拉我一把。我也曾很疑惑：**我們不是好朋友嗎？**

奇怪的是，儘管別人這樣說，我一直都相信他（駕駛人）不是故意的，不是故意酒駕，不是故意棄我不顧。當下，他也是慌亂無章，不知如何是好吧。誰（包括他）都不想事情如此發展。我總用這樣平靜理性的心情，告訴自己：我原諒他了。

二〇一五年2月13日，農曆新年前夕，我收到法院寄來的催告信。這是由於車禍訴訟我方勝訴，法官判駕駛人須賠償我一千多萬。法院認為我已經拿到賠償金了，正向我追討三萬元的法扶律師回饋金。

這封信，讓我平靜已久的心情，再次波動。我這才發現，我的內心深處始終恨他。我恨我們是朋友，為什麼他沒救我。我恨我們是朋友，為什麼他沒關心我。我恨我們是朋友，為什麼他沒來看我……。好多好多的恨意，一一浮現。

別說判賠的一千多萬，連一毛都沒拿到，這個朋友竟像人間蒸發，沒過一通電話，更何況探望。這天是車禍後，我第一次為這一切感到不甘願，感到委屈而痛哭，簡直哭瘋了，從沒這麼難受過。

我以為不去看、不去想，傷害就會煙消雲散。七年過去，我才明白，傷口不會因為不碰觸就消失，反而會因為視而不見，愈加嚴重。是的，我一直選擇逃避，深怕一碰觸傷口，就會流血，就會——崩潰。

我想起耶穌受難（Passion）的故事。當耶穌被逮被審判被鞭刑之後，被釘在十字架上處死。換作是我，我心裡肯定恨死這些「執刑者」了。不過，耶穌不但不恨，還在生命緩緩消失之際，為他們禱告：父啊，赦免他們，因為他們所作的，他們不曉得！

的確，若要讓傷害成為過去，得先正視傷害。於是，我禱告，我聽詩歌，一點一滴地釋放怨恨，而且是真正地釋放。

幾天時間，我竟成功釋放7年來，盤繞在心頭的怨懟。最後，我選擇原諒對方。我曉得，當我真正原諒的時候，這根刺，就不再痛了。原諒的過程很不容易很掙扎，也很痛苦，但感謝上帝，讓我勝過考驗。

當媽媽與法院聯繫，承辦人建議我們申請強制執行，也就是「逼他給錢」時，我想的是，對方也不一定好過啊（尤其是心理折磨）。拿到一千萬又如何，只是把痛苦加諸到他或他親友的身上罷了。重要的是，我並不會因為拿到這筆賠償而感到快樂。因此，我決定不追了，也就是：我們要放棄這筆鉅額的賠償金。

「饒恕」真的很不容易，但如果一直在意這個傷，這個傷肯定會繼續欺負著我吧。下了這個決定後，我反而鬆了一口氣。**原諒他，也是原諒自己。原諒之後，傷口將無法對我造成二度傷害。**

《聖經》裡的故事，讓我充滿勇氣。
我決心面對曾經逃避的仇恨，
並且放下、饒恕，
這樣一來，傷口才能真正癒合。

我期盼，我的朋友能聽到我的想法，放下心中對我的愧疚，試著原諒自己，用新的心情，去面對每天的陽光。

接二連三的厄運，反而讓我愈活愈充實

苦難的試煉，讓我展現生命的韌性。13歲時，我就遭遇如此重大的劫難，在生與死的邊緣徘徊過。後來，媽媽罹癌的消息，差點又要擊垮我（我無法承受一次又一次的失去媽媽）。我也埋怨過接二連三的厄運，覺得自己「好可憐」，都殘缺成這樣子了，還要一再接受上帝的考驗，考驗人也不是這種考法吧。

媽媽認識上帝後，常說「上帝真的好愛她」。但是，我的感覺卻沒她這麼強烈。祂雖把我的生命救回，卻讓我以破碎的外表活下來。祂雖讓我感受到媽媽的愛，卻又想把媽媽從我身邊帶走。

「上帝會用不同的方式，對人展現祂的愛。而人對上帝的愛，領悟的方式也會不一樣。」直到我聽到教會裡的師母這樣說。

突然想起，小時候我很喜歡玩買賣的遊戲。我常拜託媽媽當客人，買我的東西，我會包裝好、寫發票、找錢。這些原本只是扮家家酒的遊戲，如今卻成真了。我現在真的當老闆了。我想，這就是神愛我的方式，祂讓我透過做自己喜歡做的事，體驗到祂所賞賜的豐盛。

「我知道我向你們所懷的意念，是賜平安的意念，不是降災禍的意念，要叫你們末後有指望。」當我從經歷中，體會這段話的意義後，我就不埋怨了。**每個苦難都是一個前進目標，唯有經歷折磨，才會更有力量，才會成長**。愈這樣想，愈能超越不可能。

我很喜歡看電影，演員的演技與場景、特效、聲光效果等搭配後，劇本（故事）就能精采呈現在觀眾眼前。我不是演員，沒有受過訓練，更沒有試過鏡、拿到劇本。一場車禍後，我像被趕上架的鴨子，不得不投入陌生的片場，與那個得靠自己發揮、延續的角色。

如果沒有車禍，我或許還是那個人見人痛的小屁孩。如果媽媽沒有罹癌，我可能還要人抱上抱下，仰賴媽媽的照顧活著。

多虧這些出乎意料的事，我現在又會彈吉他、又會拼豆、又會炒菜、又會打羽球（還發明適合我的減肥運動）……，最近我又多一個身分——拼豆老師。沒想到，以前最讓老師頭大的人，現在卻成了老師。

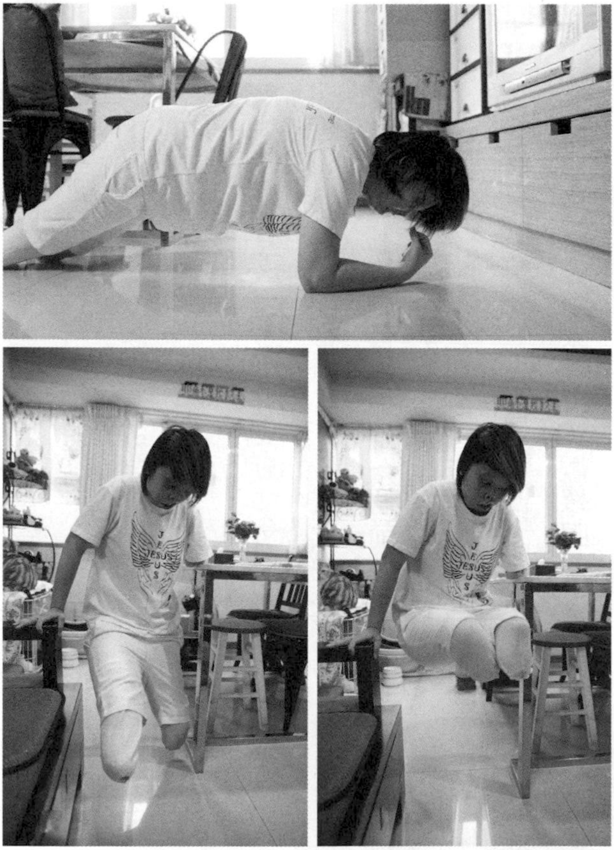

吃完飯後，為了維持體態（怕胖），我發明我的專屬運動。上圖是近期最火紅、訓練核心肌群的棒式（我是一手撐起身體唷），下圖是我用一隻右手加半隻左手的單槓運動。

人的生命可以很脆弱，也可以充滿韌性。我藉著一波未平，一波又起的考驗，讓我有源源不息的正面力量。我可以和那些曾經不看好我的人說：**我不僅活下來了，我還能活得充實精彩。**

我還是很苦，但是我總不能一直哭

現在的我喜歡笑，因為笑起來的時候，好看多了，也開心多了。我漸漸不再害怕照鏡子，反而比車禍前照得更多。**當我不再逃避看見自己真正的樣子時，居然也能開始喜歡自己了。**

有人欣賞我的樂觀、幽默，還有人以為我其實沒這麼辛苦。真是如此嗎？這可是我費盡千辛萬苦才熬過來的呢。

試想這個世界上，有多少人是用「一隻手」在過生活？有多少人能用殘缺的面貌站出來，坦然面對大家與自己？我內心的掙扎和痛苦，大到讓人想投降。這樣的過程沒這麼簡單，直到現在依舊是。

只是用快樂擁抱是一天，用眼淚迎接也是一天，我只是決定選擇前者罷了。境隨心轉，當我用正面的眼光看待世界的時候，每個人、每件事都變得順眼多了！

樂觀改變不了我的外貌，卻能給我「正面力量」，引導我的心情與態度，也因為選擇走出去，我才有機會看見別人眼中的自己。我的快樂祕訣很簡單，但我卻花了好幾年才體會到，那就是「看見自己的價值」。意外帶走我的雙腳、左手，也毀容了，我變得跟以前不一樣，但仍是獨一無二的啊。一旦這樣想，任何人、任何話、任何事……，都很難成為我快樂生活的阻力了。

某一次的演講活動結束後，一群小朋友跑過來、蹲在我的身旁，好奇地「研究」著我的鋼鐵腳。小朋友敲敲我的腳，羨慕地說：「雅菁姐姐的腳，不用怕被蚊子叮耶。」

「對耶，我都沒想到，蚊子要叮我，它的針還會斷掉喔。」我發自內心的笑了，原來這雙鋼鐵腳這麼好啊。

曾經，我討厭孩子的真誠，現在他們的真誠，居然成了我肯定自己的一個關鍵。原來，在別人眼中，我也沒有這麼可怕嘛。

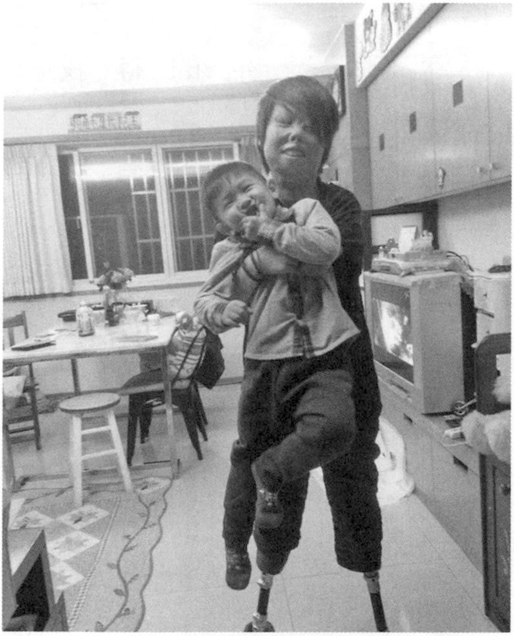

找回自信的我，再度與孩子搭起友誼的橋梁。這天，我鼓起勇氣問樂樂（照片中的小孩），願不願意讓我抱。想必，他也是鼓足勇氣才說「好」吧。沒想到，我竟然能用一隻手的力量，成功把他抱起來！

經歷、成長和突破，都非一朝一夕之間就能看見。透過種種事件，讓我愈來愈肯定自己，即使現在這樣的我，也不會是一無是處。**每個人的存在都有意義，每件事情的發生都有它的重要性**。這一路走來，很多人的鼓勵，翻轉那個曾經不被看好的我。上帝賜予的力量，更是讓我從人生的谷底，慢慢往上爬的關鍵。

我知道，即使沒有雙腳、左手，只用一隻右手過生活的我，未來不再只是個夢。我也可以擁有幸福。如果可以，請給我機會，讓我把這樣的幸福傳遞下去，願讀者們也能親身經歷這份幸福。

後記 帝哥的金翅膀

我想分享一本自己很喜歡的書《帝哥的金翅膀》。這本書激勵著我。說的是：

一隻沒有翅膀的小鳥——帝哥，每天都想在：為什麼牠不能跟別人一樣，擁有一雙可以飛翔的翅膀。

帝哥的同伴們，總是會咬食物來給牠吃。所以，雖然帝哥沒有翅膀，無法自己去覓食，卻由於有愛牠的同伴守護著，從來沒餓著。

帝哥曾經夢見自己長出一對金色的翅膀。後來，也真的出現一隻許願鳥，讓牠美夢成真。牠因此擁有了一對漂亮的金色翅膀。

有次，帝哥遇見一位因為沒錢替兒子治病而哭泣的爸爸，牠就拔下自己金翅膀上的一根羽毛送給他，也成功幫助這對父子。

久了之後，牠發現每當自己拔下一根金羽毛時，長出來的羽毛就會變成黑色的。即使如此，牠依然不吝嗇地用金羽毛去幫助人，直到自己的金羽毛已經所剩無幾，仍不改助人的初衷。

直到有一天，帝哥的羽毛全變成黑色。

故事裡的帝哥，讓我想到自己。受傷後的我，常常無語問上帝：為什麼我不能跟別人一樣，有平凡的外貌，有健全的手腳呢？

那時的我，很少想起身邊愛著我的媽媽跟家人。甚至，日有所思，夜有所夢，多次夢見自己恢復了正常的模樣。但那就只是夢罷了。

直到許願鳥飛進了我的生命，我才發現我活在愛裡。

上帝就像是我的許願鳥，祂在我最需要的時刻出現了，賜給我照顧自己、照顧媽媽的力量，賜給我「拼豆」的技能，使我找回「拼鬥」的特質，因此，能靠自己的能力賺錢，也讓我擁有一雙鋼鐵腳。

說真的，是媽媽讓我學會，「即使是自己一個人，也知道如何過生活」。我也開始充滿信心地告訴自己，絕不在尚未嘗試前，就說放棄。

和別人出門時，他們總會擔心我走的穩不穩，動不動想要幫我扶我。換做是媽媽，她不但不會幫我，也不分分秒秒看緊我，有時，還愈走愈快（因為，她忘記我裝義肢了）。

有次，我們母女倆到外面吃飯，吃飽後，我大喇喇剔起牙。媽媽說，「喂──雅菁啊，妳是淑女耶，剔牙也不遮一下呦……。」

我看著媽媽（她仍繼續講她的淑女論），擺動一下截肢的左手。媽媽才恍然驚呼：「對吼，我忘記了啦。」

這就是我的媽媽，她總是常常忘記我只剩一隻手。也因為這樣，在她的眼裡，我沒有殘缺，我不是病人。她很希望我可以自己照顧自己，卻不會逼我一定要馬上做到。當遇到狀況時，她會趁機說：「要我幫你不難，但是，我不可能幫妳一輩子。」

殘缺限制我的言行舉止，但限制不了我的思想，我的心。遇到想要做的就努力去做吧。這樣的話，目標就不會太遠。

不知道為何，我從小就很喜歡幫助人，這並沒有因為車禍受傷而改變。助人的過程讓我感到快樂，彷彿能看到希望。在我看不見的遠方，也許有我不認識的人，因為我的奉獻，而獲得生存的希望。

以前為了存錢，對自己很省，對豬公慷慨。等到豬公吃飽，我就幫它開腸破肚，把錢捐給紅十字會。受傷之前，我大都是用「間接」捐款幫助人，要我直接把錢拿給路邊乞丐，我還怕傷了他的自尊心。

受傷之後，我才開始體會幫助人的方式有很多，即使只剩一隻手的我，也能給予人幫助。這是上帝給我的另一個任務，祂要我用「全新面貌」，散播更多的福音與協助。

「好施捨的，必得豐裕。滋潤人的，必得滋潤。」（箴言11：25）

我期許永遠都能做到，就像帝哥不會因為送出金羽毛後，只能長出黑羽毛而停止助人。我該在意的是別人的需要，而非自己的失去。

感謝媽媽總是遺忘我的殘缺，把我當成一個正常孩子，讓我學會照顧自己，學會就算只有一個人，也能好好生活。

特別收錄

走一趟特別的旅程——雪山我來了！

若不嘗試看看，以後會不會因此後悔？

我熱愛大自然，熱愛挑戰。正如受傷之後，我仍然持續挑戰自我。我始終認為——**人生就只有這麼一回合，不嘗試看看，錯過了機會，有天，回頭再看，我是不是會因此而後悔？**

因為一個巧合，我認識了顧明翰。顧明翰常帶領身障者挑戰不可能的任務。透過他分享的影片，我看見「化不可能為可能」的神奇：帶著因意外導致全身癱瘓、雙眼全盲的莊馥華，去騎腳踏車、衝浪；陪著從小因生病截去四肢的郭韋齊，登上玉山主峰……。這不免激起我的鬥志，我挺想參與一趟不同的生命旅程。二○一五年五月，顧明翰在臉書留訊息給我，問我要不要「登雪山」，他願意協助我一起走。討論後，我們排定四天行程，於九月六日出發。

還記得，我剛穿義肢不到三個月，就和教會牧師、師母去爬山。那時的我，尚能咬緊牙根，一步一步地往上爬，經過這些年，體力肌耐力變得比以前更好。我想，這雙陪我走萬里路的鋼鐵腳，再陪我登一座山（第二高峰），應該不是什麼大問題吧！

前所未有的沮喪，堅持再戰的決心

也許，是我想得太簡單了。到現場，才知道一切都不容易。踏出第一步，接踵而來的挑戰，完全出乎我的意料。最直接的衝擊，就是一整路的石頭階梯。

石頭階梯不比我常走的人造樓梯平整，表面凹凹凸凸，不是有心有堅持就能走好走穩。為了

剛到雪山、蓄勢待發的大家。

防範踩空，還得很有技巧的踏出每一步。加上整路都是石頭階梯，走一步大概花我兩倍的力氣。說真的，累得像狗一樣。但一方面擔心拖延團隊進度，一方面固執個性使然，我靠意志力支撐著。總算成功走完３Ｋ，還算完美地結束第一天。

隔天一早六點，我們開始第二天的行程。這天，我沮喪極了，那時的意志力，大概脆弱到隨時可能被摧毀。

路，更抖了，一步與一步間的上下距離，變得好大好大，我必須把義肢抬得高高的，才能走下去。若遇到大樹攔阻的障礙路，就得倚靠同行夥伴的扶持，方能闖關。

偏偏天氣不美麗，下起了大雨，這使我們更難前進。大家邊淋雨邊走，走在積水的泥土地，走在溼滑的石頭上。

直到開始「爬」雪山，我才發現難度恐怕比雪山本身還高。我背後的石頭階梯，就是一大挑戰。

我很努力，可是真的累了痛了喘了，想放棄了。我想，我無法再前進任何一步了。然後，我倒了——臉色發白，全身癱軟。甚至，開始問自己：到底為什麼要答應來挑戰這次的雪山旅程？

看著大家陪我停下腳步，在雨中休息，一個個都冷地發抖，我深感無奈又感到抱歉。於是，我盡快擦乾眼淚，整理好自己的情緒，再一次堅定地告訴自己，「爬起來啊，不要拖累大家」。

又走了幾百公尺，我再次倒地。這次，摔得更痛了。不過，**沒有任何人，能為我們走自己的人生旅程，唯有面對挑戰，才能真正地跨越**。這條路，是我選擇的。

身旁的夥伴（包括媽媽）為我加油打氣，為無助的我，增添些許往前的力氣。我拖著疲憊身軀，繼續緩慢向前。邊走邊告訴自己「不就是要來挑戰的嗎」。

第二天中午下雨了，這一下就是五小時。又溼又滑的登山路，我們必須更團結，彼此扶持，彼此打氣。

是的，我要挑戰，燒傷之後，我一直在挑戰。只是，走在登雪山的路上，我第一次感覺，自己失敗到極點了。

雨持續下著，我的心持續低落。看著全身溼透的大家，我曉得，那時的勇氣，不再是為自己，而是為了大家。我必須撐下去。直到撐到我的身體，再也撐不下去了，團隊中的一人把我快速背到住宿的地方。畢竟，面對10度左右的低溫，連燒傷後不怕冷的我，都冷到發抖了，何況是正常人。

晚餐時間，我們坐著好好討論。我和媽媽表明「想要投降」，不玩了，實在太痛太累太不好玩了。其實，我很不甘心就這樣放棄，因為總路程10.9K，都已經走超過一半了。最後，我們選擇留下繼續挑戰（感謝媽媽成全）。

第三天出發前，我們在三六九山莊前合照。

危險在身旁，也要學會「定睛前方美好」

第三天一早，出了大太陽，原本沮喪的心情變美麗了。第三階段的挑戰，依舊困難重重。不只登山走道非常小，石頭路、樹根路的高度落差更大，最可怕的，莫過於懸崖就在旁邊。當下，真的很怕自己一個重心不穩，就……。

但這也讓我學到了一個功課——**在人生路上，不能只顧看問題點，因為恐懼無法讓人前進，只會成為向前的阻礙。**若我一直盯著懸崖看，想著危險就在身邊，那麼我真的提不起勇氣，繼續前進。於是，我試圖定睛在往前的美好，那是我向前行的動力。

達成階段任務，與美麗的山景合照。那時的我們期待即將到來的最後階段 — 攻頂。

前往雪山主峰的路，全是石頭，更抖，更難走。走到10.6K，我實在力不從心，再度全身癱軟，大家扶我坐下休息。距離登頂（10.9K），剩最後三百公尺，但時間只有二十分鐘。我失望透了，難過地說不出話來。同伴不斷地安慰我，說我很棒了，很不簡單了，他們爬這麼多次雪山，也尚未登頂過，我才第一次，以後有的是機會。

那個時候，我還想要硬撐下去。大家給我選擇往上或不往上，但也提醒，若選擇往上，回程時就要摸黑回去。我想起，第一天晚上摸黑走、第二天困在雨中，還有第三天近在眼前的懸崖……。

在雪山主峰的指標前，我陷入了沉思——攻頂的確是我此趟旅程的目標與期待，但這會是最好的一條路嗎？

我很固執，通常想做的事，就一定要做到，甚至不顧一切。我開始思考著「為什麼我不願意放棄」。答案很明確。因為我想要與刻著「雪山主峰」的石頭照相，我想要得到攻頂的成績。我一度為自己的無能為力而生氣。但這不就在教我——**該放手的時候，還是要勇敢放手。因為固執與堅持，不一定帶人走向最佳結果。**

最後，我選擇大家的安全，選擇「不攻頂」。當我不固執、不再為不能攻頂而糾結時，才了解登頂並非唯一重點，最重要的是，這一路以來，我們一起走過，互相扶持，為彼此著想的可貴。我想，光是回憶，就足夠戰勝無法登峰的遺憾了。但仍感謝大家帶我到另一個東峰，讓我得到登上峰頂的成就。

雪山行結束了，一共走了11.4Ｋ，學習了很棒的功課。回來之後，我不斷回味爬雪山的四天三夜。如果下次有機會，我依舊會答應再去闖一闖，但不再堅持攻頂，而是盡情享受這過程的美好！

感謝上帝給我的力量，更感謝我的登山夥伴——方仁駿、詹上逸、何彥廷、張惠思、張雅婷，還有我的媽媽。若不是他們協助我扶持我，我絕對無法踏出每一步。若不是他們鼓勵我成全我，我恐怕早就因為體力不堪負荷，放棄不玩了。

若不是他們，我哪可能站上東峰，品嘗登頂的滋味。

一個人要成功，單靠自己是不夠的，每一份夢想的背後，都有眾多的支持者，所以，因夢想而生的成就感，不是自己獨享，而是要共享。

這一路上，我摔倒了好幾次，甚至摔到嘴巴都流血了，可以說是「血汗交織」，但依舊開心。我更堅強了，更曉得從哪裡跌倒，就要從哪裡站起來。我想，不會有人（包括我自己）會去計算過程中我跌倒過幾次，我必須相信的是，我總會成功一次。

第四天，我們把目標轉向雪山東峰，為這次的挑戰，畫下一個完美的句點。

酷啦！

我有一雙鋼鐵腳

【暢銷增訂版】

作　　者／莊雅菁
採訪撰述／劉雅郡、丘慧薇、蔡意琪
選　　書／蔡意琪
企劃編輯／蔡意琪

業務經理／羅越華
行銷企畫／洪沛澤
行銷經理／王維君
總 編 輯／林小鈴
發 行 人／何飛鵬

出　　版／原水文化
台北市民生東路二段141號8樓
電話：02-2500-7008　　傳真：02-2502-7676
E-mail：H2O@cite.com.tw　部落格：http://citeh2o.pixnet.net/blog/
發　　行／英屬蓋曼群島商家庭傳媒股份有限公司城邦分公司
台北市中山區民生東路二段141號11樓
書虫客服服務專線：02-2500-7718；02-2500-7719
24小時傳真專線：02-2500-1990；02-2500-1991
服務時間：週一至週五上午09:30～12:00；下午13:30～17:00
讀者服務信箱：service@readingclub.com.tw
劃撥帳號／19863813；戶名：書虫股份有限公司
香港發行／城邦（香港）出版集團有限公司
香港灣仔駱克道193號東超商業中心1樓
電話：852-2508-6231　傳真：852-2578-9337
電郵：hkcite@biznetvigator.com
馬新發行／城邦（馬新）出版集團
41, Jalan Radin Anum, Bandar Baru Sri Petaling,
57000 Kuala Lumpur, Malaysia.
電話：603-9057-8822　傳真：603-9057-6622
電郵：cite@cite.com.my

城邦讀書花園

封面設計／M² Studio、Jamie
封面攝影／水草攝影工作室（鍾君賢）
內頁排版／Jamie、陳喬尹
內頁攝影／子宇影像工作室（徐榕志）
照片提供／莊雅菁、洪真哲、林乃慧、張惠思、張雅婷
插　　畫／協同中學溪水旁團契高文心、洪駈孺
製版印刷／卡樂彩色製版印刷有限公司
初版 1 刷／2015年6月18日
初版 8 刷／2015年8月24日
增 訂 版／2016年6月21日
定　　價／300元
ISBN 978-986-5853-72-3
EAN 471-770-209-375-4

國家圖書館出版品預行編目(CIP)資料

酷啦!：我有一雙鋼鐵腳【暢銷增訂版】 / 莊雅菁著. -- 初版. -- 臺北市：原水文化出版：家庭傳媒城邦分公司發行, 2015.06
面；　公分. -- (悅讀健康系列；HD3120X)
ISBN 978-986-5853-72-3(平裝)
EAN 471-770-209-375-4(平裝)
1.莊雅菁 2.肢障 3.臺灣傳記

783.3886　　104010339

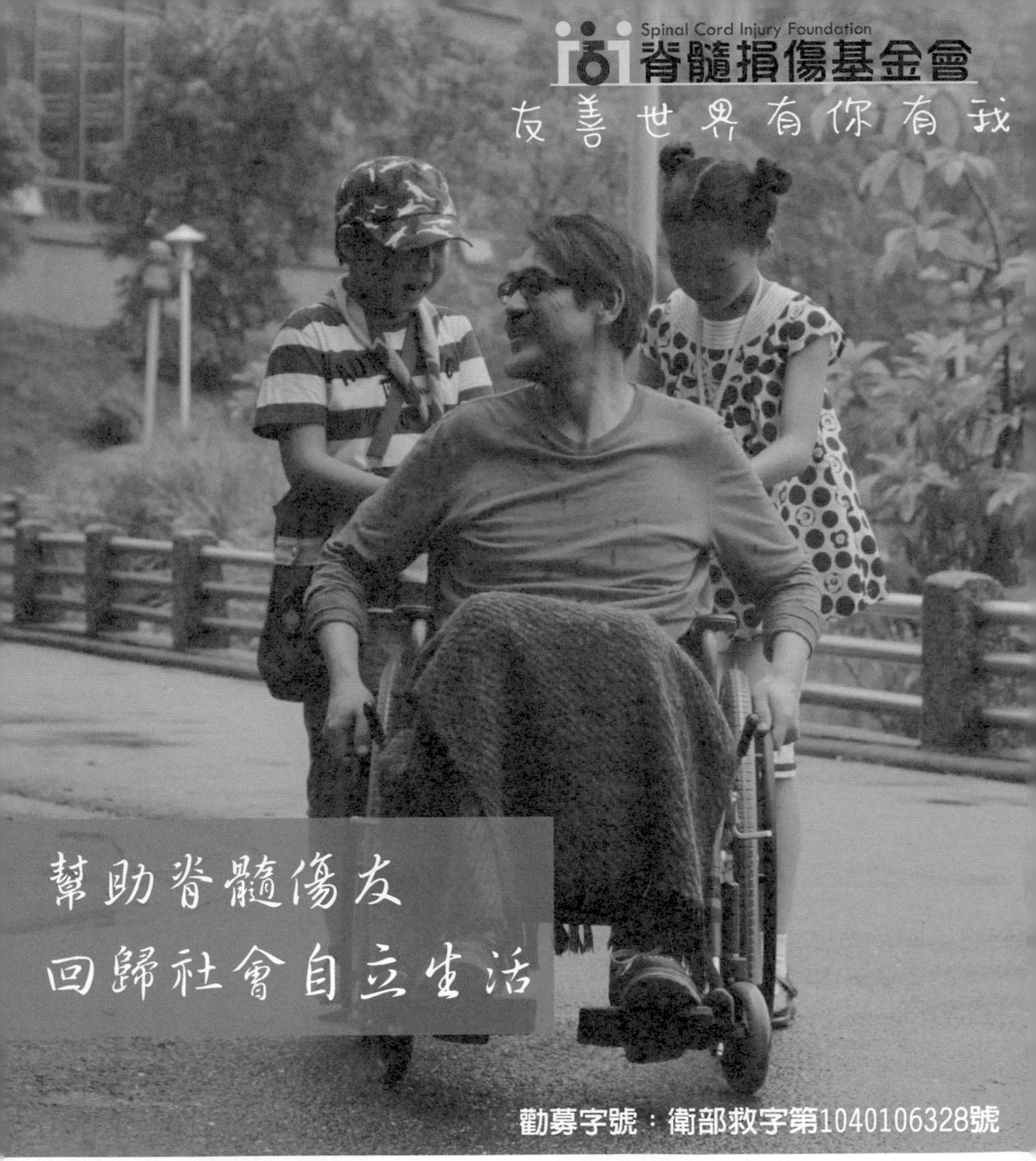

友善世界　需要您的愛！

♡ 愛心捐款專線：02-25230110

10449　台北市中山區民權西路20號11樓之10

- **郵政劃撥捐款**
  帳號：50225340
  戶名：財團法人台北市脊髓損傷社會福利基金會
- **ATM、銀行轉帳**
  銀行：第一銀行（代號007）　信維分行
  帳號：113-10-081419
  戶名：財團法人台北市脊髓損傷社會福利基金會